Autumn&Straight

パーソナルカラー

骨格診断

ストレート
似合わせBOOK

ビューティーカラーアナリスト®

海保麻里子
Mariko Kaiho

sanctuarybooks

Prologue

　いつでも、どこでも、いくつになっても、心地いい自分でいたい。
　日々身につける服も、メイクやヘアスタイルも、自分の心と体によくなじむものだけを選んで、毎日を気分よく過ごしたい。

　でも、私に似合うものってなんだろう?
　世の中にあふれる服やコスメのなかから、どうやって選べばいいんだろう?

　そんな思いを抱えている方に向けて、この本をつくりました。

　自分に似合うものを知る近道。それは、自分自身をもっとよく知ること。
　もともともっている特徴や魅力を知り、それらを最大限にいかす方法を知ることが、とても大切になります。

　そこで役立つのが、「パーソナルカラー」と「骨格診断」。
　パーソナルカラーは、生まれもった肌・髪・瞳の色などから、似合う「色」を導き出すセオリー。骨格診断は、生まれもった骨格や体型、ボディの質感から、似合う「形」と「素材」を導き出すセオリー。

　この2つのセオリーを知っていれば、自分に似合う服やコスメを迷いなく選べるようになります。

買ってみたもののしっくりこない……ということがなくなるので、ムダ買いが激減し、クローゼットのアイテムはつねにフル稼働。毎朝の服選びがグッとラクになり、それでいて自分にフィットするすてきな着こなしができるようになります。

　自分の魅力をいかしてくれるスタイルで過ごす毎日は、きっと心地よく楽しいもの。つづけるうちに、やがて「自信」や「自分らしさ」にもつながっていくと思います。

　この本の最大のポイントは、12冊シリーズであること。
　パーソナルカラーは「春」「夏」「秋」「冬」の4タイプ、骨格は「ストレート」「ウェーブ」「ナチュラル」の3タイプに分類され、かけ合わせると合計12タイプ。
　パーソナルカラーと骨格診断の専門知識にもとづき、12タイプそれぞれに似合うファッション・メイク・ヘア・ネイルを1冊ずつにわけてご紹介しています。

　1冊まるごと、私のためのファッション本。
　そんなうれしい本をめざしました。これからの毎日を心地いい自分で過ごすために、この本を手もとに置いていただけたら幸いです。

この本の使い方

この本は

パーソナルカラー **秋**

×

骨格診断 **ストレート**

タイプの方のための本です

【パーソナルカラー】
「春」「夏」「秋」「冬」の**4**タイプ

×

【骨格】
「ストレート」「ウェーブ」「ナチュラル」の**3**タイプ

かけ合わせると、合計**12**タイプ

〈全12冊シリーズ〉

『パーソナルカラー春
×骨格診断ストレート
似合わせBOOK』

『パーソナルカラー春
×骨格診断ウェーブ
似合わせBOOK』

『パーソナルカラー春
×骨格診断ナチュラル
似合わせBOOK』

『パーソナルカラー夏
×骨格診断ストレート
似合わせBOOK』

『パーソナルカラー夏
×骨格診断ウェーブ
似合わせBOOK』

『パーソナルカラー夏
×骨格診断ナチュラル
似合わせBOOK』

＼この本はこれ！／

『パーソナルカラー秋
×骨格診断ストレート
似合わせBOOK』

『パーソナルカラー秋
×骨格診断ウェーブ
似合わせBOOK』

『パーソナルカラー秋
×骨格診断ナチュラル
似合わせBOOK』

『パーソナルカラー冬
×骨格診断ストレート
似合わせBOOK』

『パーソナルカラー冬
×骨格診断ウェーブ
似合わせBOOK』

『パーソナルカラー冬
×骨格診断ナチュラル
似合わせBOOK』

パーソナルカラーは……
似合う「**色**」がわかる

生まれもった肌・髪・瞳
の色などから、似合う
「色」を導き出します

骨格は……
似合う「**形**」「**素材**」
がわかる

生まれもった骨格や体
型、ボディの質感から、
似合う「形」と「素材」
を導き出します

12冊シリーズ中、自分自身のタイプの本を読むことで、

本当に似合う「色」「形」「素材」の

アイテム、コーディネート、ヘアメイクが

わかります

1 自分自身が「パーソナルカラー秋×
骨格診断ストレート」タイプで、　　　⟶ **P27へ**
似合うものが知りたい方

2 自分自身の「パーソナルカラー」と
「骨格診断」のタイプが
わからない方

■　パーソナルカラーセルフチェック　⟶ P12へ

■　骨格診断セルフチェック　⟶ P22へ

⟶ **12冊シリーズ中、該当するタイプの本を手にとってください**

Contents

Chapter 1
秋×ストレートタイプの
魅力を引き出す
ベストアイテム

秋×ストレートタイプのベストアイテム12

Chapter2

なりたい自分になる、 秋×ストレートタイプの 配色術

11色で魅せる、秋×ストレートタイプの 配色コーディネート

Chapter3
秋×ストレートタイプの
魅力に磨きをかける
ヘアメイク

色の力で、生まれもった魅力を120%引き出す

「パーソナルカラー」

パーソナルカラーって何？

身につけるだけで自分の魅力を最大限に引き出してくれる、自分に似合う色。

そんな魔法のような色のことを、パーソナルカラーといいます。

SNSでひと目惚れしたすてきな色のトップス。トレンドカラーのリップ。いざ買って合わせてみたら、なんだか顔がくすんで見えたり青白く見えたり……。

それはおそらく、自分のパーソナルカラーとは異なる色を選んでしまったせい。

パーソナルカラーは、生まれもった「肌の色」「髪の色」「瞳の色」、そして「顔立ち」によって決まります。自分に調和する色を、トップスやメイクやヘアカラーなど顔まわりの部分にとり入れるだけで、肌の透明感が驚くほどアップし、フェイスラインがすっきり見え、グッとおしゃれな雰囲気になります。

これ、大げさではありません。サロンでのパーソナルカラー診断では、鏡の前でお客さまのお顔の下にさまざまな色の布をあてていくのですが、「色によって見え方がこんなに違うんですね！」と多くの方が驚かれるほど効果絶大なんです。

イエローベースと
ブルーベース

最近「イエベ」「ブルベ」という言葉をよく耳にしませんか？

これは、世の中に無数に存在する色を「イエローベース（黄み）」と「ブルーベース（青み）」に分類したパーソナルカラーの用語。

たとえば同じ赤でも、黄みがあってあたたかく感じるイエローベースの赤と、青みがあって冷たく感じるブルーベースの赤があるのがわかるでしょうか。

パーソナルカラーでは、色をイエローベースとブルーベースに大きくわけ、似合う色の傾向を探っていきます。

4つのカラータイプ「春」「夏」「秋」「冬」

　色は、イエローベースかブルーベースかに加えて、明るさ・鮮やかさ・クリアさの度合いがそれぞれ異なります。パーソナルカラーでは、そうした属性が似ている色をカテゴライズし、「春」「夏」「秋」「冬」という四季の名前がついた4つのグループに分類しています。各タイプに属する代表的な色をご紹介します。

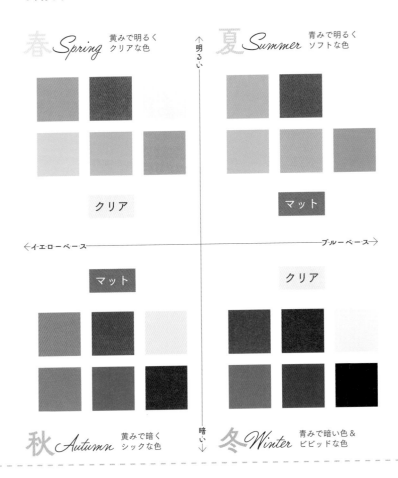

春 *Spring* 黄みで明るくクリアな色

夏 *Summer* 青みで明るくソフトな色

↑明るい

クリア

マット

←イエローベース——　　——ブルーベース→

マット

クリア

秋 *Autumn* 黄みで暗くシックな色

↓暗い

冬 *Winter* 青みで暗い色＆ビビッドな色

パーソナルカラーセルフチェック

あなたがどのパーソナルカラーのタイプにあてはまるか、セルフチェックをしてみましょう。迷った場合は、いちばん近いと思われるものを選んでください。

① できるだけ太陽光が入る部屋、または明るく白い照明光の部屋で診断してください。

② ノーメイクでおこなってください。

③ 着ている服の色が影響しないように白い服を着ましょう。

診断はこちらの
ウェブサイトでも
できます（無料）

Q1 あなたの髪の色は？
（基本は地毛。カラーリングしている方はカラーリング後の色でもOK）

A
黄みの
ライトブラウン

B
赤みのローズブラウン、
または
ソフトなブラック

C
黄みのダークブラウン、
または緑みの
マットブラウン

D
ツヤのあるブラック

Q2 あなたの髪の質感は？

A
ふんわりと
やわらかい
（ねこっ毛だ）。

B
髪は細めで
サラサラだ。

C
太さは普通で
コシとハリがある。

D
1本1本が太くて
しっかりしている。

Q3 あなたの瞳は？

A
キラキラとした黄みの
ライトブラウン〜
ダークブラウン。

B
赤みのダークブラウン
〜ソフトなブラック。
ソフトでやさしい印象。

C
黄みのダークブラウン
で落ち着いた印象。
緑みを感じる方も。

D
シャープなブラック。
白目と黒目の
コントラストが強く
目力がある。
切れ長の方も。

Q4 あなたの肌の色は？

A	B	C	D
明るいアイボリー。ツヤがあって皮膚は薄い感じ。	色白でピンク系。なめらかな質感で頬に赤みが出やすい。	暗めのオークル系。頬に色味がなくマットな質感。くすみやすい方も。	ピンク系で色白。または濃いめの肌色で皮膚は厚め。

Q5 日焼けをすると？

A	B	C	D
赤くなってすぐさめる。比較的焼けにくい。	赤くなりやすいが日焼けはほとんどしない。	日焼けしやすい。黒くなりやすくシミができやすい。	やや赤くなり、そのあときれいな小麦色になる。

Q6 家族や親しい友人からほめられるリップカラーは？

A	B	C	D
クリアなピーチピンクやコーラルピンク	明るいローズピンクやスモーキーなモーブピンク	スモーキーなサーモンピンクやレッドブラウン	華やかなフューシャピンクやワインレッド

Q7 人からよく言われるあなたのイメージは？

A	B	C	D
キュート、フレッシュ、カジュアル、アクティブ	上品、やさしい、さわやか、やわらかい	シック、こなれた、ゴージャス、落ち着いた	モダン、シャープ、スタイリッシュ、クール

Q8 ワードローブに多い、得意なベーシックカラーは？

A	B	C	D
ベージュやキャメルを着ると、顔色が明るく血色よく見える。	ブルーグレーやネイビーを着ると、肌に透明感が出て上品に見える。	ダークブラウンやオリーブグリーンを着ても、地味にならずにこなれて見える。	ブラックを着ても暗くならず、小顔＆シャープに見える。

Q9 よく身につけるアクセサリーは？

A	B	C	D
ツヤのあるピンクゴールドや明るめのイエローゴールド	上品な光沢のシルバー、プラチナ	マットな輝きのイエローゴールド	ツヤのあるシルバー、プラチナ

Q10 着ていると、家族や親しい友人からほめられる色は？

A	B	C	D
明るい黄緑やオレンジ、黄色などのビタミンカラー	ラベンダーや水色、ローズピンクなどのパステルカラー	マスタードやテラコッタ、レンガ色などのアースカラー	ロイヤルブルーやマゼンタ、真っ赤などのビビッドカラー

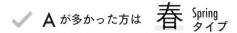

── 診 断 結 果 ──

✓ **A** が多かった方は **春** Spring タイプ

✓ **B** が多かった方は **夏** Summer タイプ

✓ **C** が多かった方は **秋** Autumn タイプ

✓ **D** が多かった方は **冬** Winter タイプ

いちばんパーセンテージの高いシーズンがあなたのパーソナルカラーです。パーソナルカラー診断では似合う色を決める4つの要素である「ベース（色み）」「明るさ（明度）」「鮮やかさ（彩度）」「クリアか濁っているか（清濁）」の観点から色を分類し、「春夏秋冬」という四季の名称がついたカラーパレットを構成しています。

パーソナルカラーは、はっきりわかりやすい方もいれば、複数のシーズンに似合う色がまたがる方もいます。パーソナルカラーでは、いちばん似合う色が多いグループを「1stシーズン」、2番目に似合う色が多いグループを「2ndシーズン」と呼んでいます。

・春と秋が多い方　黄みのイエローベースが似合う（ウォームカラータイプ）
・夏と冬が多い方　青みのブルーベースが似合う（クールカラータイプ）
・春と夏が多い方　明るい色が似合う（ライトカラータイプ）
・秋と冬が多い方　深みのある色が似合う（ダークカラータイプ）
・春と冬が多い方　クリアで鮮やかな色が似合う（ビビッドカラータイプ）
・夏と秋が多い方　スモーキーな色が似合う（ソフトカラータイプ）

The「春」「夏」「秋」「冬」タイプの方と、2ndシーズンをもつ6タイプの方がいて、パーソナルカラーは大きく10タイプに分類することができます（10Type Color Analysis by 4element®）。

※迷う場合は、巻末の「診断用カラーシート」を顔の下にあててチェックしてみてください（ノーメイク、自然光または白色灯のもとでおこなってください）。

春 Spring タイプ

カジュアル　　　キュート

アクティブ　　　フレッシュ

どんなタイプ？
かわいらしく元気な印象をもつ春タイプ。春に咲き誇るお花畑のような、イエローベースの明るい色が似合います。

肌の色
明るいアイボリー系。なかにはピンク系の方も。皮膚が薄く、透明感があります。

髪・瞳の色
黄みのライトブラウン系。色素が薄く、瞳はガラス玉のように輝いている方が多いです。

似合うカラーパレット

春タイプの色が似合う場合： 肌の血色がアップし、ツヤとハリが出る
春タイプの色が似合わない場合： 肌が黄色くなり、顔が大きく見える

ベースカラー
（コーディネートの基本となる色）：
アイボリー、ライトウォームベージュ、ライトキャメルなど、黄みのライトブラウン系がおすすめ。

アイボリー　　クリームイエロー　ライトウォームベージュ　ライトキャメル

ゴールデンタン　アーモンドブラウン　ウォームグレー　ライトネイビー

アソートカラー
（ベースカラーに組み合わせる色）：
ピーチピンク、ライトターコイズなどを選ぶと、肌がより明るく血色よく見えます。

ピーチピンク　アプリコット　ライトサーモン　コーラルピンク

ライトクリアゴールド　パステルイエローグリーン　ライトトゥルーグリーン　ライトターコイズ

アクセントカラー
（配色に変化を与える色）：
ライトオレンジやブライトイエローなどのビタミンカラー、クリアオレンジレッドなどのキャンディカラーがぴったり。

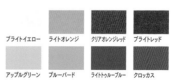

ブライトイエロー　ライトオレンジ　クリアオレンジレッド　ブライトレッド

アップルグリーン　ブルーバード　ライトトゥルーブルー　クロッカス

夏 Summer タイプ

やさしい
さわやか
やわらかい
上品

どんなタイプ？

エレガントでやわらかい印象をもつ夏タイプ。雨のなかで咲く紫陽花のような、ブルーベースのやさしい色が似合います。

肌の色

明るいピンク系。色白で頬に赤みのある方が多いです。

髪・瞳の色

赤みのダークブラウン系か、ソフトなブラック系。穏やかでやさしい印象。

似合うカラーパレット

夏タイプの色が似合う場合：肌の透明感がアップし、洗練されて見える
夏タイプの色が似合わない場合：肌が青白く見え、寂しい印象になる

ベースカラー
（コーディネートの基本となる色）：
ライトブルーグレー、ソフトネイビー、ローズベージュなどで上品に。

アソートカラー
（ベースカラーに組み合わせる色）：
青みのある明るいパステルカラーや、少し濁りのあるスモーキーカラーが得意。

アクセントカラー
（配色に変化を与える色）：
ローズレッド、ディープブルーグリーンなど、ビビッドすぎない色が肌になじみます。

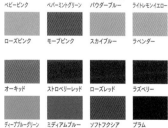

秋 Autumn タイプ

ゴージャス

シック

落ち着いた

こなれた

どんなタイプ？
大人っぽく洗練された印象をもつ秋タイプ。秋に色づく紅葉のような、イエローベースのリッチな色が似合います。

肌の色
やや暗めのオークル系。マットな質感で、頬に色味がない方も。

髪・瞳の色
黄みのダークブラウン系。グリーンっぽい瞳の方も。穏やかでやさしい印象。

似合うカラーパレット

秋タイプの色が似合う場合：肌の血色がアップし、なめらかに見える

秋タイプの色が似合わない場合：肌が暗く黄ぐすみして、たるんで見える

ベースカラー
(コーディネートの基本となる色)：
ダークブラウン、キャメル、オリーブグリーンなどのアースカラーも地味にならず洗練度アップ。

アソートカラー
(ベースカラーに組み合わせる色)：
サーモンピンク、マスカットグリーンなど、少し濁りのあるスモーキーカラーで肌をなめらかに。

アクセントカラー
(配色に変化を与える色)：
テラコッタ、ゴールド、ターコイズなど、深みのあるリッチなカラーがおすすめ。

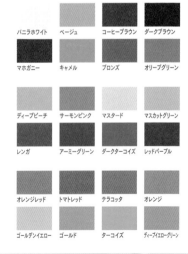

バニラホワイト　ベージュ　コーヒーブラウン　ダークブラウン

マホガニー　キャメル　ブロンズ　オリーブグリーン

ディープピーチ　サーモンピンク　マスタード　マスカットグリーン

レンガ　アーミーグリーン　ダークターコイズ　レッドパープル

オレンジレッド　トマトレッド　テラコッタ　オレンジ

ゴールデンイエロー　ゴールド　ターコイズ　ディープイエローグリーン

冬 Winter タイプ

スタイリッシュ
モダン
クール
シャープ

どんなタイプ？
シャープで凛とした印象をもつ冬タイプ。澄んだ冬空に映えるような、ブルーベースのビビッドな色が似合います。

肌の色
明るめか暗めのピンク系。黄みの強いオークル系の方も。肌色のバリエーションが多いタイプ。

髪・瞳の色
真っ黒か、赤みのダークブラウン系。黒目と白目のコントラストが強く、目力があります。

似合うカラーパレット

冬タイプの色が似合う場合：フェイスラインがすっきりし、華やかで凛とした印象になる

冬タイプの色が似合わない場合：肌から色がギラギラ浮いて見える

ベースカラー
（コーディネートの基本となる色）：
白・黒・グレーのモノトーンが似合う唯一のタイプ。濃紺も似合います。

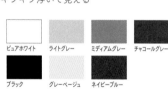

ピュアホワイト　ライトグレー　ミディアムグレー　チャコールグレー
ブラック　グレーベージュ　ネイビーブルー

アソートカラー
（ベースカラーに組み合わせる色）：
深みのあるダークカラーで大人っぽく。薄いシャーベットカラーも得意。

ブルーレッド　マラカイトグリーン　パイングリーン　ロイヤルパープル
ペールグリーン　ペールブルー　ペールピンク　ペールバイオレット

アクセントカラー
（配色に変化を与える色）：
目鼻立ちがはっきりしているので、ショッキングピンクやロイヤルブルーなどの強い色にも負けません。

トゥルーレッド　チェリーピンク　ショッキングピンク　マゼンタ
レモンイエロー　トゥルーグリーン　トゥルーブルー　ロイヤルブルー

※ベース、アソート、アクセントカラーは配色によって変わることがあります

一度知れば一生役立つ、似合うファッションのルール

「骨格診断」

骨格診断って何？

　肌や瞳の色と同じように、生まれもった体型も人それぞれ。骨格診断は、体型別に似合うファッションを提案するメソッドです。

　体型といっても、太っているかやせているか、背が高いか低いか、ということではありません。

　骨や関節の発達のしかた、筋肉や脂肪のつきやすさ、肌の質感など、生まれもった体の特徴から「似合う」を導き出します。

　パーソナルカラーでは自分に似合う「色」がわかる、といいました。一方、骨格診断でわかるのは、自分に似合う「形」と「素材」。

　服・バッグ・靴・アクセサリーなど世の中にはさまざまなファッションアイテムがあふれていますが、自分の骨格タイプとそのルールを知っておけば、自分に似合う「形」と「素材」のアイテムを迷わず選びとることができるんです。

　体型に変化があっても、骨の太さが大きく変わることはありません。体重の増減が10kg前後あった場合、似合うものの範囲が少し変わってくることはありますが、基本的に骨格タイプは一生変わらないもの。つまり、自分の骨格タイプのルールを一度覚えてしまえば、一生役立ちます。

　年齢を重ねるとボディラインが変化していきますが、じつは変化のしかたには骨格タイプごとの特徴があります。そのため、年齢を重ねることでより骨格タイプに合ったファッションが似合うようになる傾向も。

　パーソナルカラーと骨格診断。どちらも、「最高に似合う」を「最速で叶える」ためのファッションルール。服選びに迷ったときや、鏡のなかの自分になんだかしっくりこないとき、きっとあなたを助けてくれるはずです。

3つの骨格タイプ「ストレート」「ウェーブ」「ナチュラル」

　骨格診断では、体の特徴を「ストレート」「ウェーブ」「ナチュラル」という3つの骨格タイプに分類し、それぞれに似合うファッションアイテムやコーディネートを提案しています。

　まずは、3タイプの傾向を大まかにご紹介しますね。

ストレート *Straight*

筋肉がつきやすく、立体的でメリハリのある体型の方が多いタイプ。シンプルでベーシックなスタイルが似合います。

ウェーブ *Wave*

筋肉より脂肪がつきやすく、平面的な体型で骨が華奢な方が多いタイプ。ソフトでエレガントなスタイルが似合います。

ナチュラル *Natural*

手足が長く、やや平面的な体型で骨や関節が目立つ方が多いタイプ。ラフでカジュアルなスタイルが似合います。

骨格診断セルフチェック

診断はこちらの
ウェブサイトでも
できます（無料）

あなたがどの骨格診断のタイプにあてはまるか、セルフ
チェックをしてみましょう。迷った場合は、いちばん近い
と思われるものを選んでください。
①鎖骨やボディラインがわかりやすい服装でおこないましょう。
　（キャミソールやレギンスなど）
②姿見の前でチェックしてみましょう。
③家族や親しい友人と一緒に、体の特徴を比べながらおこなうとわかりやすいです。

Q1 筋肉や脂肪のつき方は？
A 筋肉がつきやすく、二の腕や太ももの前の筋肉が張りやすい。
B 筋肉がつきにくく、腰まわり、お腹など下半身に脂肪がつきやすい。
C 関節が大きく骨も太め。肉感はあまりなく、骨張っている印象だ。

Q2 首から肩にかけてのラインは？
A 首はやや短め。肩まわりに厚みがある。
B 首は長めで細い。肩まわりが華奢で薄い。
C 首は長くやや太め。筋が目立ち肩関節が大きい。

Q3 胸もとの厚みは？
A 厚みがあり立体的（鳩胸っぽい）、バストトップは高め。
B 厚みがなく平面的、バストトップはやや低め。
C 胸の厚みよりも、肩関節や鎖骨が目立つ。

Q4 鎖骨や肩甲骨の見え方は？
A あまり目立たない。
B うっすらと出ているが、骨は小さい。
C はっきりと出ていて、骨が大きい。

Q5 体に対する手の大きさや関節は？
A 手は小さく、手のひらは厚い。骨や筋は目立たない。
B 大きさはふつうで、手のひらは薄い。骨や筋は目立たない。
C 手は大きく、厚さより甲の筋や、指の関節、手首の骨が目立つ。

Q6 手や二の腕、太ももの質感は？
A 弾力とハリのある質感。
B ふわふわとやわらかい質感。
C 皮膚がややかためで、肉感をあまり感じない。

Q7 腰からお尻のシルエットは？

A 腰の位置が高めで、腰まわりが丸い。

B 腰の位置が低めで、腰が横(台形)に広がっている。

C 腰の位置が高めで、お尻は肉感がなく平らで長い。

Q8 ワンピースならどのタイプが似合う？

A Iラインシルエットでシンプルなデザイン

B フィット&フレアのふんわり装飾性のあるデザイン

C マキシ丈でゆったりボリュームのあるデザイン

Q9 着るとほめられるアイテムは？

A パリッとしたコットンシャツ、ハイゲージ(糸が細い)のVネックニット、タイトスカート

B とろみ素材のブラウス、ビジューつきニット、膝下丈のフレアスカート

C 麻の大きめシャツ、ざっくり素材のゆったりニット、マキシ丈スカート

Q10 どうもしっくりこないアイテムは？

A ハイウエストワンピ、シワ加工のシャツ、ざっくり素材のゆったりニット

B シンプルなVネックニット、ローウエストワンピ、オーバーサイズのカジュアルシャツ

C シンプルなTシャツ、フィット&フレアの膝丈ワンピ、ショート丈ジャケット

診 断 結 果

✓ **A** が多かった方は **ストレート**タイプ

✓ **B** が多かった方は **ウェーブ**タイプ

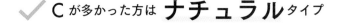

✓ **C** が多かった方は **ナチュラル**タイプ

いちばん多い回答が、あなたの骨格タイプです(2タイプに同じくらいあてはまった方は、ミックスタイプの可能性があります)。BとCで悩んだ場合は、とろみ素材でフィット感のある、フリルつきのブラウス&膝丈フレアスカートが似合えばウェーブタイプ、ローゲージ(糸が太い)のざっくりオーバーサイズのニット&ダメージデニムのワイドシルエットが似合う方は、ナチュラルタイプの可能性が高いです。

ストレート Straight タイプ

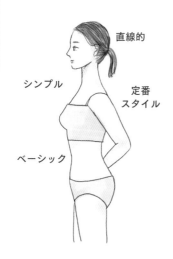

直線的

シンプル

定番
スタイル

ベーシック

どんなタイプ？

グラマラスでメリハリのある体が魅力のストレートタイプ。シンプルなデザイン、適度なフィット感、ベーシックな着こなしで「引き算」を意識すると、全体がすっきり見えてスタイルアップします。

体の特徴

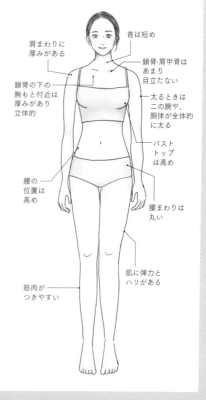

首は短め

肩まわりに
厚みがある

鎖骨・肩甲骨は
あまり
目立たない

鎖骨の下の
胸もと付近は
厚みがあり
立体的

太るときは
二の腕や、
胴体が全体的
に太る

バスト
トップ
は高め

腰の
位置は
高め

腰まわりは
丸い

肌に弾力と
ハリがある

筋肉が
つきやすい

似合うファッションアイテム

パリッとしたシャツ、Ｖネックニット、タイトスカート、センタープレスパンツなど、シンプル＆ベーシックで直線的なデザイン。

似合う着こなしのポイント

Ｖネックで胸もとをあける、腰まわりをすっきりさせる、サイズやウエスト位置はジャストにする、Ｉラインシルエットにする、など。

似合う素材

コットン、ウール、カシミヤ、シルク、表革など、ハリのある高品質な素材。

似合う柄

チェック、ストライプ、ボーダー、大きめの花柄など、直線的な柄やメリハリのある柄。

ウェーブ Wave タイプ

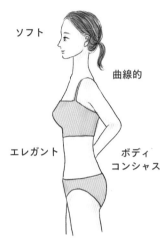

ソフト

曲線的

エレガント

ボディ
コンシャス

どんなタイプ？

華奢な体とふわふわやわらかい肌質が魅力のウェーブタイプ。曲線的なデザインや装飾のあるデザインで「足し算」を意識すると、体にほどよくボリュームが出て、エレガントさが際立ちます。

体の特徴

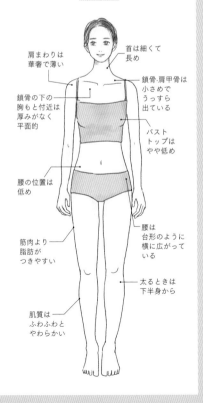

肩まわりは
華奢で薄い

首は細くて
長め

鎖骨・肩甲骨は
小さめで
うっすら
出ている

鎖骨の下の
胸もと付近は
厚みがなく
平面的

バスト
トップは
やや低め

腰の位置は
低め

腰は
台形のように
横に広がって
いる

筋肉より
脂肪が
つきやすい

太るときは
下半身から

肌質は
ふわふわと
やわらかい

似合うファッションアイテム

フリルや丸首のブラウス、プリーツやタックなど装飾のあるフレアスカート、ハイウエストのワンピースなど、ソフト＆エレガントで曲線的なデザイン。

似合う着こなしのポイント

フリルやタックで装飾性をプラスする、ハイウエストでウエストマークをして重心を上げる、フィット（トップス）＆フレア（ボトムス）のＸラインシルエットにする、など。

似合う素材

ポリエステル、シフォン、モヘア、エナメル、スエードなど、やわらかい素材や透ける素材、光る素材。

似合う柄

小さいドット、ギンガムチェック、ヒョウ柄、小花柄など、小さく細かい柄。

ナチュラル Natural タイプ

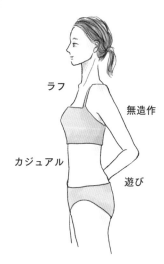

ラフ

無造作

カジュアル

遊び

どんなタイプ？
しっかりした骨格と長い手足が魅力のナチュラルタイプ。ゆったりシルエットや風合いのある天然素材で「足し算」を意識すると、骨格の強さとのバランスがとれて、こなれた雰囲気に仕上がります。

体の特徴

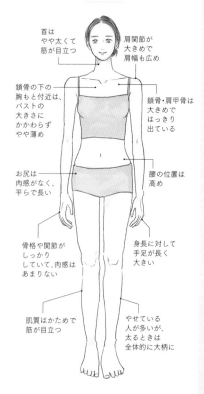

首は
やや太くて
筋が目立つ

肩関節が
大きめで
肩幅も広め

鎖骨の下の
胸もと付近は、
バストの
大きさに
かかわらず
やや薄め

鎖骨・肩甲骨は
大きめで
はっきり
出ている

お尻は
肉感がなく、
平らで長い

腰の位置は
高め

骨格や関節が
しっかり
していて、肉感は
あまりない

身長に対して
手足が長く
大きい

肌質はかためで
筋が目立つ

やせている
人が多いが、
太るときは
全体的に大柄に

似合うファッションアイテム
麻のシャツ、ざっくりニット、ワイドパンツ、マキシ丈スカートなど、ラフ＆カジュアルでゆったりとしたデザイン。

似合う着こなしのポイント
ボリュームをプラスしてゆったりシルエットをつくる、長さをプラス＆ローウエストにして重心を下げる、肌をあまり出さない、など。

似合う素材
麻、コットン、デニム、コーデュロイ、ムートンなど、風合いのある天然素材や厚手の素材。

似合う柄
大きめのチェック、ストライプ、ペイズリー、ボタニカルなど、カジュアルな柄やエスニックな柄。

Chapter 1

秋×ストレートタイプの
魅力を引き出す
ベストアイテム

1

ブラウンのストライプシャツ

直線的な柄とフォルムで構成されたストライプ
シャツは、ストレートタイプによく似合う本命ア
イテム。ハリのある素材と適度なフィット感の
ベーシックなシャツをさらっと着るだけで、上質
な装いが完成します。秋タイプの肌になじむの
は、ブラウン系のストライプ。キャメルのパンツ
やダークブラウンの小物、イエローゴールドのア
クセサリーを合わせて、肌をより美しく見せ、華
やかさも添えて。

Shirt / 編集部私物

ベーシックな1着も
たちまち上質な
トラッドスタイルに

2

オリーブグリーンのシャツワンピース

アースカラーのオリーブグリーンはとり入れやす
そうにも見えますが、じつは着る人を選ぶ色。秋
タイプが身につけると肌がなめらかに見え、グッ
と洗練されます。そんな優秀カラーを秋×スト
レートタイプが着るなら、1枚で決まるシャツワ
ンピースがおすすめ。ハリのある素材で、二の腕
が隠れる半袖デザイン、ウエストベルトはジャス
ト位置で締めるタイプのものを選びます。襟もと
はV字にあけてすっきりと。

One piece / 編集部私物

なめらかな肌を引き立てる
シックなアースカラー

ダークブラウンのタイトスカート

ダークブラウンは秋タイプのベーシックカラー（定番色）のなかでもイチオシの色。どんな色にも合わせやすく、クラシックで落ち着いた着こなしをしたいときに重宝します。腰位置が高く、お尻の丸い方が多いストレートタイプは、そのスタイルを最もきれいに見せてくれるタイトスカートがとてもお似合い。腰まわりにタックやギャザーのないシンプルなデザインで、膝が少し隠れる丈、もしくは膝上丈のものを。

Skirt / NOBLE（著者私物）

クラシカルな装いで
足どりも自然と優雅に

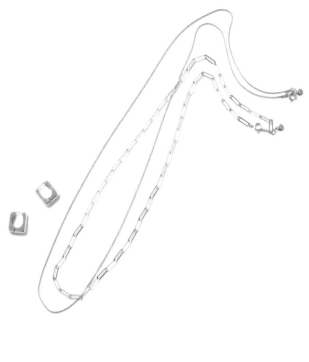

4

イエローゴールドのピアス
みぞおちの長さのイエローゴールドネックレス

秋タイプの鉄則アクセサリーは、黄みの強いイエローゴールド。身につけると血色がよく見え、もともともっているリッチ感がさらに増します。秋×ストレートタイプのトラディショナルな魅力を最大限にいかすなら、ピアスもネックレスも直線を感じるシンプルなデザインを。ネックレスはみぞおちの長さのものを選ぶと重心バランスが整い、Vネック以外のトップスを着るときも代わりにVゾーンを演出できます。

Earrings /
N.O.R.C（編集部私物）

Necklace /
PLUS VENDOME
（2点セット）

リュクスな輝きを
さりげなく添えて

ダークカラーのラグジュアリーメイク

秋タイプがコスメを選ぶときは、見た目で「ちょっと地味かな？」と感じるくらいの色がベスト。実際に肌につけたときによくなじむのは、少し暗さと濁りのあるイエローベースの色です。アイシャドウのおすすめカラーはテラコッタやブラウン。ゴールドの繊細なラメ入りだとラグジュアリーに仕上がります。チークはスモーキーなオレンジベージュ、リップは深みのあるレッドブラウンで大人っぽく。

アイシャドウ /
SUQQU シグニチャー カ
ラー アイズ 02 陽香色
YOUKOUIRO
チーク /
ADDICTION アディクショ
ン ザ ブラッシュ 005M
Nude Romance (M) ヌー
ド ロマンス
リップ /
SUQQU シアー マット リッ
プスティック 06 樹皮 JUHI

ダーク＆スモーキーカラーを
ラグジュアリーに魅せる

秋×ストレートはどんなタイプ？

時代に流されないトラッドな美しさ
リッチな色が似合う秋タイプと、リッチなボディの
ストレートタイプ。両方の魅力を兼ね備えた秋×ス
トレートタイプは、ベーシックなアイテムでも高級
感と品格あふれる装いに。ブリティッシュな雰囲気
が漂うトラッド系ファッションなど、上品で重厚感
のあるスタイルがよく似合います。

イメージワード
トラッド、正統派、高級感のある、落ち着いた

秋×ストレートタイプの有名人
有村架純、川口春奈、ローラ、米倉涼子
（※写真での診断によるものです）

秋タイプの特徴

ストレートタイプの特徴

- イエローベース、低明度、低彩度、マット
- 大人っぽくてリッチな色が似合う

- グラマラスでメリハリのある体
- シンプルでベーシックなアイテムが
  似合う

似合う色、苦手な色

秋タイプに似合う色

オークル系でマットな肌の方が多い秋タイプ。イエローベースで、深みのあるスモーキーカラーを身につけると、肌のなめらかさや血色がアップ。4タイプのうち、カラーパレット内にグリーン系のバリエーションが最も多いタイプでもあります。

ストレートタイプの方には、トラッドな雰囲気によく合うブラウン系の色がとくにおすすめです。

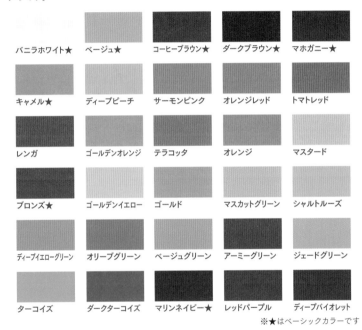

バニラホワイト★	ベージュ★	コーヒーブラウン★	ダークブラウン★	マホガニー★
キャメル★	ディープピーチ	サーモンピンク	オレンジレッド	トマトレッド
レンガ	ゴールデンオレンジ	テラコッタ	オレンジ	マスタード
ブロンズ★	ゴールデンイエロー	ゴールド	マスカットグリーン	シャルトルーズ
ディープイエローグリーン	オリーブグリーン	ベージュグリーン	アーミーグリーン	ジェードグリーン
ターコイズ	ダークターコイズ	マリンネイビー★	レッドパープル	ディープバイオレット

※★はベーシックカラーです

秋タイプが苦手な色

ロイヤルブルーやショッキングピンク、ブルーグレーなどの青みの強い色は、顔が青白く見えてしまい苦手。肌・髪・瞳の色が濃い方が多いので、明るいパステルカラーや真っ白も色だけが浮いてしまいやすいです。

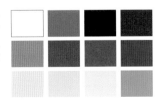

色選びに失敗しないための基礎知識

色の「トーン」のお話

　実際に服やコスメを選ぶときは、39ページの似合う色のカラーパレットと照らし合わせると選びやすいと思います。

　ここからは、「カラーパレットにない色を選びたい」「似合う色を自分で見極められるようになりたい」という方のために、ちょっと上級者向けの色のお話をしますね。

　下の図は、色を円環状に配置した「色相環」という図です。これは、赤・緑・青などの「色相」（色味の違い）を表しています。この色相環をもとに、ベースの色味が決まります。

　ただ、色の違いは色相だけでは説明できません。同じ赤でも、明るい赤や暗い赤、鮮やかな赤やく

すんだ赤があるように、色には「明度」（明るさ）や「彩度」（鮮やかさ）という指標もあります。

　明度や彩度が異なることによる色の調子の違いを「トーン」と呼んでいます。右ページ下の図は、色相とトーンをひとつの図にまとめたもの。

　「ビビッド」は純色と呼ばれる、最も鮮やかな色。そこに白を混ぜていくと、だんだん高明度・低彩度に。黒を混ぜていくと、だんだん低明度・低彩度になります。

　白か黒を混ぜるだけでは色は濁らずクリア（清色）ですが、グレー（白＋黒）を混ぜるとマット（濁色）になります。

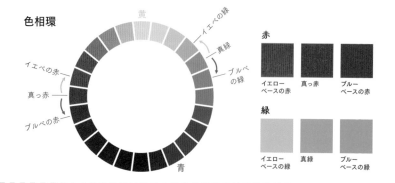

色相環

黄

イエベの緑

真緑

ブルベ
の緑

イエベの赤

真っ赤

ブルベの赤

青

赤

イエロー
ベースの赤

真っ赤

ブルー
ベースの赤

緑

イエロー
ベースの緑

真緑

ブルー
ベースの緑

秋タイプに似合う色のトーンは？

　個人差はありますが、下のトーン図でいうと、sf（ソフト）、d（ダル）、dk（ダーク）などが秋タイプに似合いやすい色。このなかでも黄みのある色を選べばOKです。

　明度・彩度ともに低めの色でも地味にならず、こなれた印象になるのが秋タイプの特徴。ソフトな雰囲気にしたいときは、バニラホワイトやディープピーチなどの淡い色も◯。

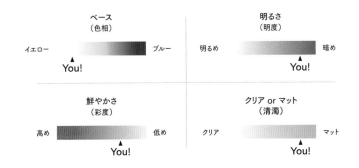

トーン図

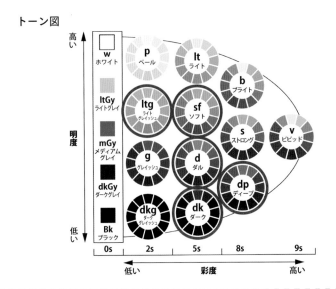

第一印象は「フォーカルポイント」で決まる

フォーカルポイントとは？

　おでこから胸もとまでの約30cmのゾーンを「フォーカルポイント」（目を引く部分）といいます。私たちは人と対面するとき、相手のフォーカルポイントを見てその人がどんな人かを無意識に判断しています。

　つまり、顔だけでなく「服のネックライン」までもが第一印象を左右するということ。

　「似合う」を手軽に、でも確実に手に入れるためには、顔まわりにパーソナルカラーをもってくることと同時に、服のネックラインにこだわることがとても大切なんです。

似合うフォーカルポイントの
つくり方

　似合うネックラインと、苦手なネックライン。それは、骨格タイプによって決まります。

　体に立体感があるストレートタイプの方は、フォーカルポイントもすっきりさせることが鉄則。そのため、首もとが詰まっている服やタートルネックではなく、ネックラインがあいた服を選ぶのがおすすめです。

　バストが豊かな方は、デコルテが見えるくらい大きくあいたデザインを。

　バストが豊かで、かつ首が短めな方は、縦方向に大きくあいたVネックを。

　ストレートタイプは直線的なデザインが似合いますが、顔に丸みのある方は、Uネックやハートシェイプなど曲線的にあいたネックラインがマッチします。

　でも、冬の寒い日など、首もとをしっかり防寒したいときもありますよね。

　そんなときは、厚手のタートルネックは避けて、薄手の折り返しがないハイネックニットを。その上からみぞおちの長さのネックレスをしてVラインを強調すると、Vネックの服を着ているときと似た効果が得られます。

　ネックラインのほか、フォーカルポイントに近いスリーブ（袖）ラインも、肩まわりや二の腕の印象に影響を与えます。ネックラインに加えて意識するとさらに効果的！

似合う！

Vネックのニットなら、首やデコルテがすっきり！
秋タイプに似合う、深みのあるテラコッタでリッチに。

しっくりこない……

首もとが詰まっていると、首が短く、ずんぐりとした印象に。青みの強い色、小花柄などの細かい柄も苦手。

［秋×ストレートタイプ］**似合うネックライン**

Vネック　　　Uネック　　　スクエアネック　　　シャツカラー

ラウンドネック　　　ハイネック

［秋×ストレートタイプ］**似合うスリーブライン**

半袖　　　ロールアップスリーブ

体の質感でわかる、似合う素材と苦手な素材

高品質素材が似合うストレートタイプ

骨格診断でわかるのは、似合うファッションアイテムの「形」と「素材」。形だけでなく素材もまた、似合う・似合わないを決める重要なポイントです。

ストレートタイプは、肌に弾力があって比較的筋肉質の方が多いタイプ。体の質感がリッチなので、それに負けないくらいのハリと適度な厚みがある高品質素材が似合います。

たとえば綿 100% のシャツ。ブロードと呼ばれる、目の詰まった平織りの生地などは、上質で品がありストレートタイプにぴったり。

そのほか、目の詰まったハイゲージニット、ハリのあるシルク 100% のブラウス、丈夫なギャバジン生地のトレンチコートなどもおすすめ。夏に麻素材が着たくなったら、ポリエステル混などのしっかりした生地のものを選ぶといいですよ。

きれいめな素材が得意なストレートタイプですが、厚手のデニムやハリのあるスウェット生地でカジュアルスタイルを楽しむのもすてきです。

体の質感に負けるのはどんな素材?

やわらかい素材や薄手の素材、透ける素材は、リッチな体の質感とマッチせずチープな印象に。ざっくりと編まれたローゲージニットは体の立体感が増し、ボディフィットタイプのストレッチ素材は体のラインを拾いすぎてしまいます。

高品質素材が似合うとはいえ、最近はリーズナブルでおしゃれな服がたくさん出ていて気になりますよね。そんなときはぜひ「濃いめの色」を選んでください。素材感がよりよく見えます。

なかには、ストレートタイプだけど肌がやわらかい、ウェーブタイプがミックスしている方も。その場合、パリッとした高品質素材がしっくりこないかもしれません。

そんなときはポリエステル素材も OK。できるだけハリのあるものを選んでみると、肌質になじみやすいと思います。

ストレートタイプに似合う素材

コットン

ウール

革

デニム

サテン

コーデュロイ

ストレートタイプに似合う柄

バーバリーチェック

ストライプ

ボーダー

花柄

ボタニカル

アーガイル

重心バランスを制すると、
スタイルアップが叶う

自分の体の「重心」はどこにある?

　骨格タイプごとにさまざまな体の特徴がありますが、大きな特徴のひとつに「重心」の違いがあります。骨格診断でいう重心とは、体のなかでどこにボリュームがあるかを示す言葉。

　ストレートタイプは、胸もとに立体感がありバストトップの高い方が多いので、横から見るとやや上重心ですが、基本的に偏りはなく「真ん中」。

　ウェーブタイプは、バストトップや腰の位置が低く、腰の横張りがある「下重心」。

　ナチュラルタイプは、肩幅があって腰の位置が高く、腰幅の狭い「上重心」の方が多いです。

　自分の体の重心がどこにあるかを知り、服や小物で重心を移動させてちょうどいいバランスに調整する。これが、スタイルアップの秘訣です!

ストレートタイプに似合う重心バランス

　重心バランスを調整するためにまずチェックしたいのが、「ウエスト位置」と「トップスの着丈」。ストレートタイプはもともと重心が真ん中にあるため、重心を上げたり下げたりする必要はありません。

　ウエスト位置はジャスト。トップスの着丈も、腰骨に少しかかる程度のジャスト丈がおすすめ。

　ハイウエストにしたほうが脚長効果があるように感じるかもしれませんが、じつはストレートタイプの場合は逆効果。トップスをインして高い位置でウエストマークしたり、着丈の短いトップスを着たりすると、胸もとが詰まってバランスが悪く見えます。反対に、着丈の長いトップスを着ると、胴が間延びして見えます。

　重心バランスには、服だけでなく小物も関係します。

　バッグは、もつ位置によって重心を上下させることが可能。ストレートタイプは重心を移動させる必要がないので、トートバッグもハンドバッグもふつうにもてば OK です。

　靴は、ボリュームによって重心を上下させます。ストレートタイプは、ボリュームのある靴や華奢な靴は避けて、シンプルな靴を選べば大丈夫。

　ネックレスの長さも抜かりなく!　長すぎず短すぎず、みぞおちくらいの長さのものを選ぶと、ちょうどいいバランスに仕上がります。

結論！
秋×ストレートタイプに似合う
王道スタイル

深みのある秋カラーの
Iラインシルエット
スタイル

Vネックで首もとを
あけてすっきりと

きれいめ素材

秋タイプのパーソナル
カラーでリッチに

イエローゴールド
アクセでリッチな
華やかさをプラス

装飾のない
シンプルなデザイン

直線的なシンプル
アクセでトラッドに

トップスの着丈は
少し腰骨にかかる
くらいのジャスト丈

ウエスト位置を
ジャストにキープ

"ぴったり"でも
"ゆったり"でもない
適度なフィット感

マチありの四角い
大きめバッグ

タイトスカートで
つくるIラインシル
エット

一般的な
ボリュームの
ベーシック
ローファー

パーソナルカラーと
骨格診断に
合っていない
ものを着ると……

ブルーベースの色は、
顔が青白く見える原因

首もとが詰まって
ずんぐり見える

細かい小花柄が
ミスマッチな印象

重心が下がって
バランスがイマイチ

苦手はこう攻略する！

Q. 苦手な色のトップスを着たいときは？

A1. セパレーションする
苦手な色を顔から離す方法が「セパレーション」。
首もとに似合う色のネックレスやスカーフをする
など、似合う色を少しでも顔まわりにもってくる
ことが大切。セパレーションが難しいタートル
ネックは似合う色を選ぶことをおすすめします。

A2. メイクは似合う色にする
メイクの色は顔に直接的な影響を与えます。苦手
な色のトップスの影響を和らげるには、アイシャ
ドウ・チーク・リップを似合う色で徹底！

Q. 明るい色のトップスを着たいときは？

A. ほんの少し濁りのある色を選ぶ
明るくクリアな色はピカッと浮いて見えてしまいますが、少しだけくすんだパステルカ
ラーなら大丈夫。秋タイプの肌をなめらかに美しく見せてくれます。

Q. 鮮やかな色のトップスを着たいときは？

A. やや深みのある華やかな色を選ぶ
トーン図でいう「ディープトーン（dpトーン）」「ストロングトーン（sトーン）」の色は、
少し深みがありつつも華やかな色。秋タイプのラグジュアリーな雰囲気を引き立てます。
顔立ちがやさしい方は、べっ甲柄フレームのメガネをかければ、華やかな色にも負けま
せん。

秋×ストレートタイプのベストアイテム12

　ここからは、秋×ストレートタイプの方におすすめしたいベストアイテム12点をご紹介。秋×ストレートタイプの魅力を最大限に引き出してくれて、着まわし力も抜群のアイテムを厳選しました。

　これらのアイテムを使った14日間のコーディネート例もご紹介するので、毎日の着こなしにぜひ活用してください！

BEST ITEM 1

アイボリーのTシャツ

イエローベースの方におすすめのTシャツは、真っ白ではなく黄みがかったアイボリー。ハリのある素材とベーシックなデザインがストレートタイプの鉄則です。きれいめな英字ロゴが大人っぽいアクセントに。

ハリのある
綿素材

きれいめな
ロゴ入り

Fleurette

肩が落ちていない
ベーシックな
デザイン

少し黄みのある
アイボリー

身幅も着丈も
ジャストサイズ

T-shirt / THE SHOP TK
（ジレとセット）

ブラウンのストライプシャツ

秋×ストレートタイプのトラッドな雰囲気にぴったりなストライプシャツ。肌に自然となじむブラウン系のストライプで、さりげなくスタイルアップ。きちんと感を出したいときに、1枚でもレイヤードでも着られる大活躍アイテムです。

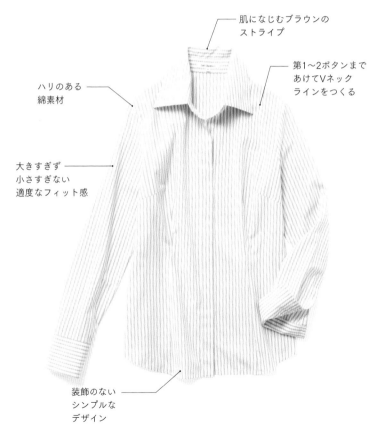

肌になじむブラウンの
ストライプ

第1～2ボタンまで
あけてVネック
ラインをつくる

ハリのある
綿素材

大きすぎず
小さすぎない
適度なフィット感

装飾のない
シンプルな
デザイン

Shirt / 編集部私物

テラコッタのハイゲージVネックニット

秋タイプが得意なオレンジ系のなかでも、やや深みがあってスモーキーな
テラコッタはイチオシの色。ニットでとり入れれば、コーディネートの華
やかな主役に。目の詰まったハイゲージのVネックニットを選びましょう。

秋タイプの華やか
さを際立たせる
テラコッタ

ストレートの
鉄則、Vネック

目の詰まった
ハイゲージ

腰骨に少し
かかる程度の
ちょうどいい着丈

大きすぎず
小さすぎない
適度なフィット感

Knit / OFUON（著者私物）

ダークブラウンのタイトスカート

はくだけで美しいIラインシルエットが完成するタイトスカート。スト
レートタイプは膝下が細くまっすぐな方が多いので、膝下が見える丈がお
すすめです。ダークブラウンならコーディネートが品よくまとまり、着ま
わし力も抜群。

Iラインシルエットを
つくるタイトスカート

ハリのある
素材

ギャザーや
タック入りは、
腰まわりに
ボリュームが
出るので避ける

秋タイプのおすすめ
ベーシックカラー、
ダークブラウン

筋肉のつきやすい
ふくらはぎで
切れる丈は
ちょっと苦手

膝が少し隠れる丈、
もしくは膝上丈

Skirt / NOBLE（著者私物）

キャメルのストレートパンツ

適度なゆとりのあるストレートパンツは脚長効果大。縦ラインを強調する
センタープレス入りで、腰まわりにタックが入っていないものを選びます。
マイルドな色合いのキャメルにマットな質感の金ボタンがついて、リュク
スな雰囲気。

マイルドで
親しみやすさの
あるキャメル

マットな
金ボタンが上品な
アクセントに

タック入りは、
腰まわりに
ボリュームが
出るので避ける

センタープレスが
入ったデザイン

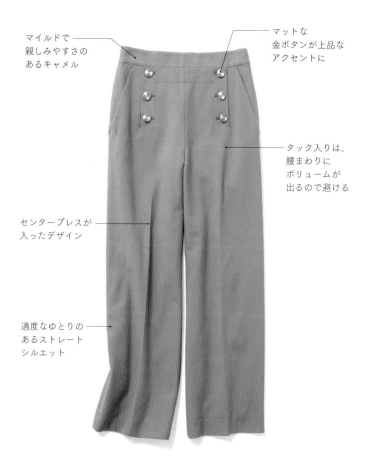

適度なゆとりの
あるストレート
シルエット

Pants / 著者私物

オリーブグリーンのシャツワンピース

ストレートタイプによく似合うシャツワンピースは、羽織としても使えて
優秀。ハリのある素材と適度なフィット感、ノースリーブよりも半袖がお
すすめです。秋タイプの肌をより美しく見せるオリーブグリーンで、グッ
とこなれたスタイルに。

開襟でVネック
ラインをつくる

ハリのある素材

秋タイプを
洗練させる
オリーブグリーン

半袖で二の腕の
横張りをカバー

適度な太さの
ウエストベルトを
ジャスト位置で
締める

体のラインを
拾いすぎない
適度なフィット感

One piece / 編集部私物

ライトブラウンのテーラードジャケット

体に立体感のあるストレートタイプには、カーディガンよりジャケットが
おすすめ。上質素材のシンプルなテーラードジャケットをさらりと着まわ
せば、おしゃれ度が格段にアップ。明るめのブラウンでコーディネートに
軽さを。

深いVゾーンが
できる
シングルタイプ

上品で
合わせやすい
ライトブラウン

ウール
ギャバジンなどの
しっかりした素材

長すぎず
短すぎない
腰骨丈

長すぎず
短すぎない
袖丈

Jacket / 編集部私物

ダークブラウンのチェスターコート

冬のコーディネートをトラッドにアップデートしてくれる、ダークブラウンのコート。ドロップショルダーではない、肩のラインが合っているデザインが似合います。しっかりした生地のものを選んで、きちんと感とスタイルアップを同時に叶えて。

トラッドな
ダークブラウン

肩ラインが
合っている
デザイン

きちんと感の
あるチェスター
コート

ウールなど
しっかりした
生地

長すぎない丈

Coat / 編集部私物

ダークブラウンのレザーバッグ

バッグを選ぶときは、リッチな肌質と体型に負けないレザー(表革)素材を。合皮でも OK ですが、しっかりしていて上質そうなものを選ぶのがポイント。マチのある四角いデザインで、色はコーディネートが引き締まるダークブラウンがおすすめ。

上質なレザー素材

四角くて
シンプルな
デザイン

合わせやすくて
引き締め効果もある
ダークブラウン

マチありの
しっかりした
つくり

Bag / Trysil

ダークブラウンのビットローファー

バッグの選び方と同様に、靴も上質なレザー素材が基本。秋×ストレートタイプの雰囲気にぴったりのトラッドなローファーは、1足あると重宝します。ダークブラウンにゴールドの金具が映えるデザインで、足もとまで抜かりなく似合う色を意識!

上質なレザー素材

装飾の少ない
ベーシックな
デザイン

高級感のある
ダークブラウン×ゴールド

おしゃれで歩きやすい
トラッドなローファー

Loafers / WASHINGTON

切手を
お貼り下さい

113-0023

東京都文京区向丘2-14-9

サンクチュアリ出版

『パーソナルカラー秋×骨格診断ストレート
似合わせBOOK』
読者アンケート係

ご住所	〒□□□-□□□□

TEL※

メールアドレス※

お名前	男 ・ 女
	（　　歳）

ご職業

1 会社員　2 専業主婦　3 パート・アルバイト　4 自営業　5 会社経営　6 学生　7 その他

ご記入いただいたメールアドレスには弊社より新刊のお知らせや イベント情報などを送らせていただきます。 希望されない方は、こちらにチェックマークを入れてください。	メルマガ不要 □

ご記入いただいた個人情報は、読者プレゼントの発送およびメルマガ配信のみに使用し、
その目的以外に使用することはありません。
※プレゼント発送の際に必要になりますので、必ず電話番号およびメールアドレス、
　両方の記載をお願いします。

弊社HPにレビューを掲載させていただいた方全員にAmazonギフト券（1000円分）をさしあげます。

『パーソナルカラー秋×骨格診断ストレート　似合わせBOOK』
読者アンケート

本書をお買上げいただき、まことにありがとうございます。
読者サービスならびに出版活動の改善に役立てたいと考えておりますので
ぜひアンケートにご協力をお願い申し上げます。

■本書はいかがでしたか？　該当するものに○をつけてください。

最悪	悪い	普通	良い	最高
★	★★	★★★	★★★★	★★★★★

■本書を読んだ感想をお書きください。

イエローゴールドのピアス
みぞおちの長さのイエローゴールドネックレス

秋タイプのオークル系の肌をさらに輝かせるのは、黄みの強いイエローゴールド。ストレートタイプには直線を感じるシンプルなデザインがマッチします。みぞおちの長さのネックレスは、トップスの上からVネックラインを演出できるので便利。

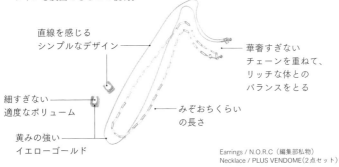

直線を感じる
シンプルなデザイン

華奢すぎない
チェーンを重ねて、
リッチな体との
バランスをとる

細すぎない
適度なボリューム

みぞおちくらい
の長さ

黄みの強い
イエローゴールド

Earrings / N.O.R.C（編集部私物）
Necklace / PLUS VENDOME（2点セット）

ゴールドの腕時計

手首をさりげなく飾る腕時計も、機能性だけでなく色や形にこだわってコーディネートを楽しみましょう！ 秋×ストレートタイプにおすすめの1本は、ゴールドカラーがメインのメタル製。直線的なデザインで高級感を。

ゴールドカラーが
メインのメタル素材

トラッドな雰囲気の
ローマンインデックス

直線的ですっきりとした
デザイン

Watch / SEIKO LUKIA

着まわしコーディネート 14Days

　自分に本当に似合うものを選ぶと、「最小限のアイテム」で「最高に似合うコーディネート」をつくることができるようになります。

　先ほどのベストアイテム12点をベースに、スタイリングの幅を広げる優秀アイテムをプラスして、秋×ストレートタイプに似合う14日間のコーディネート例をご紹介します。

BEST ITEM

① アイボリーのTシャツ

② ブラウンのストライプ
シャツ

③ テラコッタのハイゲージVネックニット

④ ダークブラウンのタイトスカート

⑤ キャメルのストレートパンツ

⑥ オリーブグリーンのシャツワンピース

⑦ ライトブラウンのテーラードジャケット

⑧ ダークブラウンのチェスターコート

⑨ ダークブラウンのレザーバッグ

⑩ ダークブラウンのビットローファー

⑪ イエローゴールドのピアス
／みぞおちの長さのイエローゴールドネックレス

⑫ ゴールドの腕時計

A キャメルのボーダーカットソー
Tops / 編集部私物

B アイボリーの
プチハイネックリブニット
Knit / 編集部私物

C カーキのスウェットパーカ
Hoodie / Champion（編集部私物）

D ダークブラウンのロング
ジレ
Gilet / PLST（著者私物）

E バニラホワイトのセンター
プレスパンツ
Pants / ZARA（編集部私物）

F ベージュのトレンチコート
Coat / Jewel Changes（著者私物）

バッグ

Bag（上ブラウン）/ Trysil、（ブラウン
トート）/ Tory Burch（著者私物）、（オ
レンジ）/ Attenir、（ゼブラ）/ SHOO・
LA・RUE、（迷彩）/ cache cache

靴

Loafers（ブラウン）/ WASHINGTON、
Pumps（イエロー）/ GINZA Kanematsu
（著者私物）、（レオパード）/ SEVEN
TWELVE THIRTY（著者私物）、（ブラウ
ン金具つき）/ MAMIAN、Sneakers /
CONVERSE

アクセサリー

Necklace（左丸モチーフつき）/ 編集部
私物、（右マンテルチェーン）/ Le scale、
Earrings（上チェーン）/ MU、（中パール）
/ EUCLAID、（下フープ）/ VENDOME
AOYAMA、Watch / Cartier（著者私物）

メガネ・サングラス

Glasses（上）/ 編集部私物、（下）/ Zoff
Sunglasses（上）/ Zoff（編集部私物）、
（下）/ PRADA（編集部私物）

そのほかの小物

Hat / 編集部私物、Scarf（オレ
ンジ）/ CELINE（著者私物）、
（ターコイズ）/ 編集部私物、
Stole（上ベージュ）/ 著者私物、
（ターコイズブルー、オフホワイ
ト、オレンジチェック）/ FURLA

Day1

ほっこりカラーの
ラフコーデでのんびり街歩き

ダークカラーの似合う秋タイプがソフトな色を着たいときは、肌になじむバニラホワイトのパンツとキャメルのボーダーカットソーでほっこりかわいらしく。肩かけパーカ・トート・スニーカーをカーキでリンクさせて、ほどよいアクセントに。ストレートタイプは、ボーダーやパンツのセンタープレスなどで直線要素をとり入れるのがおすすめです。

A + C + E

ブラウン系
グラデーションで
上品コーデ

Day2

秋タイプの得意な、ブラウン系の濃淡で
つくるコーディネート。ブラウンのスト
ライプシャツに、マイルドな色味のキャ
メルのパンツを合わせ、ミルクティーの
ようにやわらかい雰囲気の漂うスタイル
に。パンツと同系色のダークブラウンの
メガネやローファーを合わせることで全
体が引き締まり、より洗練されます。

こなれた大人カジュアルで

Day3

人気のイタリアンへ

ゴージャスなイメージの秋タイプは、や
や地味になってしまいがちなオリーブグ
リーンのワンピースもおしゃれに着こな
すことができます。ハリのある上質な素
材を選ぶことできちんと感もアップ。ス
トレートタイプに似合うゼブラ柄のバッ
グでメリハリをつけたら、なかなか予約
がとれないイタリアンレストランでの食
事にもぴったりな、大人のリッチカジュ
アルの完成。

Day4

シンプルなテーラードジャケットは、ストレートタイプによく似合うアイテム。羽織るだけで美しいシルエットが手に入る、頼れる存在です。インナーとボトムスは明るい色でまとめ、ジャケットと小物に少しずつ色味をずらしたブラウンを合わせると、秋×ストレートタイプならではのブリティッシュで上品な配色に仕上がります。

⑦+⑩+⑫+Ｂ+Ｅ

ブリティッシュな
品格あふれるパンツスタイル

Day5

オレンジ色を選ぶなら、秋タイプには深みのあるテラコッタがおすすめ。血色がよくなり肌もなめらかに見えます。テラコッタのハイゲージニットを軸に、ダークブラウンのタイトスカートとキャメルの小物でまとめた、オレンジ系の濃淡配色が光るスタイル。きれいめスニーカーで少しカジュアルダウンすると、大人のスニーカーコーデに。

③+④+Ａ

休日は、きれいめ
スニーカーコーデで
美術館めぐり

Day6

重くなりがちな
オリーブグリーンを軽やかに着こなす

重たくなりがちなオリーブグリーンにバニラホワイトのパンツを合わせた、軽やかな都会的カジュアルスタイル。小物のなかにダークカラーをちりばめて、全体にまとまりを出して。ストレートタイプに似合うハリのある素材のシャツワンピースは、さりげなく羽織ったりワンピースとして上品に着たりと、幅広い着こなしができるのでおすすめです。

①+④+E

Day7

鮮やかな差し色で
アクセントを加えた、
ワザありコーデ

明るめの色をベースカラー（コーディネートのなかで最も面積の大きい色）にすると、リラックス感のあるやさしい雰囲気に。鮮やかなダークターコイズのスカーフを差し色として加えることで、遊び心の光るこなれたスタイルが完成。秋タイプのやや苦手なブルー系の色をとり入れるときは、緑がかった深いブルーがおすすめです。

①+③+E+F

Day8

大人っぽく洗練されたイメージの秋タイプにイチオシのカラー、ダークブラウンのロングジレを主役にしたコーディネート。ダークカラーのアイテムは、インナーやパンツなどほかのアイテムを明るい色でまとめると重たくなりません。パリッとした素材感のロングジレは、縦ラインを強調できるスタイルアップの心強い味方。

Ⓘ+Ⓘ+Ⓓ+Ⓔ

Day9

きちんとしたシャツスタイルも、テラコッタとキャメルの配色で華やかな雰囲気に。ダークブラウンの小物で全体を引き締めるのがポイント。ハイゲージニットとシャツとパンツ、そんなベーシックなコーディネートでも様になるのは、メリハリのある魅力的なボディをもったストレートタイプだからこそ。

②+③+⑤+⑨+⑩+⑪

シンプルシックな
スタイルで
友人と観劇へ

Day10

キャメル×ターコイズは、組み合わせるだけでおしゃれに見えるおすすめの配色。大人の品格をきちんと引き出しながらも、肩肘張らないこなれた雰囲気をまとえます。アウターはストレートタイプによく似合うかっちりとしたトレンチコート。トップスとパンツには適度にハリのある上質な素材を選んで、長時間の観劇でも疲れない上品スタイルに。

⑤+⑩+Ａ+Ｆ

Day11

大柄レオパードの
パンプスで颯爽と歩く

ブラウン系の濃淡配色も、ダークブラウ
ンの面積を増やすとグッとカッコいい雰
囲気に。レオパード柄は本来ウェーブタイ
プに向いていますが、秋タイプに似合
う柄でもあるので、秋×ストレートタイ
プは大柄レオパードを選ぶと好バラン
ス。ハイネックを着るときは、上からジ
レやネックレスでV字をつくることで
理想のネックラインに。寒い時期にもお
すすめのテクニックです。

④+⑨+⑪+B+D

仕事終わりに、
お気に入りのカフェで
ホッとひと息

Day12

ベージュ×ブラウンのように、似た色味
のなかで濃淡をつけると、手軽におしゃ
れな配色ができあがります。鮮やかなオ
レンジのバッグをプラスすれば、華やか
さもアップして気持ちまで上向きに。ベー
シックなデザインのトレンチコート、ポ
インテッドトゥのパンプスを合わせたき
れいめコーディネートは、オン・オフ両
方に対応できる万能スタイル。

④+B+F

知的な雰囲気が漂う、ブラウンの濃淡配色コーデ

ブラウン系の濃淡配色でつくる、知的で品格のあるオフィススタイル。ブラウンの反対色であるダークターコイズのストールを添えてアクセントに。重くなりすぎないように、インナーやバッグはベージュやホワイトでバランスをとって。ダークブラウンの面積を増やし、ジャケットを合わせることで、スカートスタイルでもハンサムに決まります。

②+④+⑦

アースカラーでつくる 冬のオフィスコーデ

Day14

テラコッタ×キャメルにダークブラウンのコートを合わせて、あたたかみのあるトラッドスタイルに。小物も含めて、トーンに変化をつけたオレンジ系色相のアースカラーで統一。まとまりのある大人っぽいコーディネートに仕上げます。イエローゴールドのアクセサリーで華やかさを添えたら、寒い冬も前向きに乗りきれそうな洗練オフィススタイルの完成。

③+⑤+⑨+⑪

Column

骨格診断がしっくりこない原因は「顔の印象」

ストレートタイプなのに直線が似合わない!?

　骨格診断をしていると、「体型はストレートなのに、ストレートのアイテムがしっくりこない」という方が時々います。

　その場合、まず考えられる理由は「顔の印象」。たとえば、目が丸い、おでこや頬やフェイスラインに丸みがあるなど、顔のなかに曲線が多く入っている方は、本来ストレートタイプに似合うはずの直線的なアイテムが似合いにくいケースがあるのです。

　パーソナルカラー診断では「似合う色」を、骨格診断では「似合う形と素材」を見極めますが、加えてサロンでおこなっているのが「似合うファッションテイスト」を見極める『顔診断』。

　顔診断では、「顔の縦横の比率」「輪郭が直線的か曲線的か」「目の形や大きさ」などにより、顔の印象を4つのタイプに分類します。

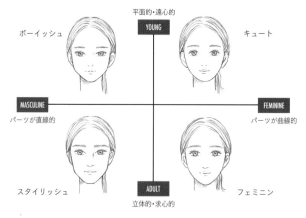

平面的・遠心的
YOUNG

ボーイッシュ　　　　　　　　　　　　　　　　キュート

MASCULINE　　　　　　　　　　　　　　　　　　　FEMININE
パーツが直線的　　　　　　　　　　　　　　　　パーツが曲線的

スタイリッシュ　　　　ADULT　　　　フェミニン
立体的・求心的

顔の印象に近づける、似合わせのコツ

　ストレートタイプなのにストレートのアイテムが似合いにくいのは、曲線的な「キュート」「フェミニン」タイプ。その場合、襟や袖など顔に近いパーツに曲線のディテールを入れると◎。

　子ども顔の「キュート」タイプの方は、ストレートの得意なきれいめアイテムで全身を固めるとしっくりこないことが多いので、カジュアルテイストにまとめるのがポイント。

　大人顔の「フェミニン」タイプの方は、きれいめなテイストはそのままに、素材をハリのあるポリエステルなど少しやわらかいものにすると、シンプルなシルエットでも似合いやすくなります。

Chapter 2

なりたい自分になる、
秋 × ストレートタイプの
配色術

ファッションを
色で楽しむ配色のコツ

ファッションに色をとり入れるのはハードルが高くて、気がつけばいつも全身モノトーン……。そんな方も多いのではないでしょうか？

でも、自分のパーソナルカラーを知ったいまならチャレンジしやすいはず。ぜひ積極的に似合う色をとり入れて、バリエーション豊かな着こなしを楽しんでいただきたいなと思います。

この章からは、色のあるアイテムをとり入れるときに役立つ「配色」のコツをご紹介。

配色とは、2種類以上の色を組み合わせること。相性のいい色同士もあれば、組み合わせるとイマイチな色同士もあり、配色によって生まれる雰囲気もさまざまです。

すてきな配色に見せる基本ルールを知っておくと、なりたいイメージやシチュエーションに合わせて自在に色を操れるようになり、ファッションがもっと楽しくなります。

すてきな配色に見せるには

40ページで、色味の違いを「色相」、明度や彩度の違いを「トーン」と呼ぶとお伝えしました。配色で重要なのは、この「色相」と「トーン」の兼ね合いです。

・色相を合わせるなら、
　トーンを変化させる。

・色相を変化させるなら、
　トーンを合わせる。

これが配色の基本セオリー。どういうことなのか、コーディネートに使える6つの配色テクニックとともにくわしく説明していきますね。

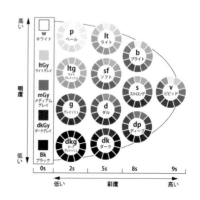

色相を合わせる

色相環で近い位置にある色同士（色味が似ている色同士）を組み合わせるときは、トーンを変化させます。たとえば黄色・オレンジ系の色同士を配色するなら、明度や彩度の異なる黄色・オレンジを組み合わせる、といった感じ。色相を合わせる配色のことを「ドミナントカラー配色」といいます。

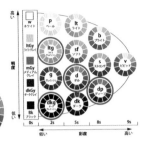

色相環で近い色味でまとめ、トーンは変化をつけて選択。

トーンオントーン

ドミナントカラー配色のなかでもコーディネートに使いやすいのが「トーンオントーン配色」。トーンのなかで比較的「明度」の差を大きくつける方法です。色相（色味）のまとまりはありながらも、明るさのコントラストがはっきり感じられる配色です。

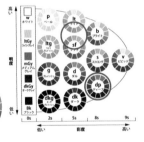

色相環で近い色味（同一も含む）でまとめ、トーンは主に縦に離す。明度差を大きくとって選択。

トーンを合わせる

色相環で遠いところにある色相同士（色相に共通性がない反対色）を組み合わせるときは、トーンを合わせます。明度や彩度が似ている色同士を組み合わせると、きれいな配色になります。トーンを合わせる配色のことを「ドミナントトーン配色」といいます。

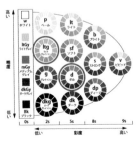

トーン図で近いトーンでまとめ、色相は変化をつけて選択。

 **色相・トーンを合わせる**（ワントーン配色）

色相・トーンともにほとんど差のない色同士をあえて配色することもあります。ファッション用語では「ワントーン」と呼ばれたりもします。専門用語では「カマイユ配色」や「フォカマイユ配色」（カマイユ配色より色相やトーンに少し差をつけた配色）と呼ばれる穏やかな配色で、その場合は異なる素材のアイテム同士を組み合わせるとおしゃれです。

色相、トーンともに色相環・トーン図で近い色で選択。

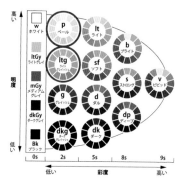

 色相・トーンを変化させる（コントラスト配色）

一方、色相やトーンが対照的な色同士を組み合わせると、コントラストがはっきりした配色になります。代表的な配色としては、2色の組み合わせの「ビコロール配色」、3色の組み合わせの「トリコロール配色」があります。

色相やトーンを、色相環・トーン図で離れた色で選択。秋タイプはビビッドすぎないsやdpを使用。

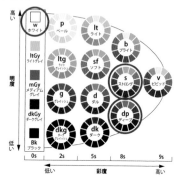

コーディネートが単調で物足りないときに使うといいのが「アクセントカラー」（強調色）。少量のアクセントカラーをとり入れるだけで、配色のイメージが驚くほど変わります。アクセントカラーは、ベースカラーやアソートカラーの「色相」「明度」「彩度」のうち、どれかの要素が大きく異なる色を選ぶのがポイント。

ベース、アソートに対して、反対の要素の色を入れる（この場合は色相環で離れた色＝色相が反対の色）。

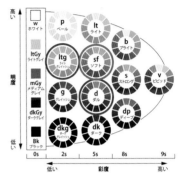

色と色の間に無彩色（白・グレー・黒など色味のない色）や低彩度色（色味の弱い色）を挟む方法。色相・トーンの差が少ない似た色同士の間にセパレートカラーを挟むと、メリハリが生まれます。また、組み合わせると喧嘩してしまうような色同士の間に挟むと、きれいにまとまります。ニットの裾からシャツを覗かせたり、ベルトをしたり、セパレートカラーを使うときは少ない面積でとり入れるのがポイント。

間にダークブラウンを入れて引き締めている。

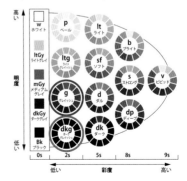

どの色を着るか迷ったときは？
色の心理的効果

自分に似合う色を知っていても、どの色を着ればいいのか迷うことがあるかもしれません。そんなときは、「今日1日をどんな自分で過ごしたいか」から考えてみるのはいかがでしょうか。色によって得られる心理効果はさまざま。色の力を借りれば、新しい自分や新しい日常と出会えるかも！

エネルギッシュに過ごしたい日は
RED レッド

炎や血液を彷彿とさせる、エネルギッシュで情熱的なレッド。大脳を刺激して興奮させる効果があります。

- 自分を奮い立たせて、やる気を出したい日に
- 自信をもって過ごしたい日に
- ここぞという勝負の日に

社交的に過ごしたい日は
ORANGE オレンジ

太陽の光のようにあたたかく親しみがあり、活動的なオレンジ。新しい環境や出会いの場におすすめの色です。

- 積極的にコミュニケーションをとりたい日に
- 陽気な気分で過ごしたい日に
- カジュアルな着こなしをしたい日に

思いきり楽しく過ごしたい日は
YELLOW イエロー

明るく元気なイメージのイエロー。目立ちやすく、人の注意を引く色なので、信号機や標識にも使われます。

- ポジティブに過ごしたい日に
- まわりから注目されたい日に
- 知的好奇心やひらめき力を高めたい日に

リラックスして過ごしたい日は
GREEN グリーン

調和・平和・協調など、穏やかな印象をもつグリーン。自然や植物のように心身を癒やしてくれるヒーリングカラー。

- 心身にたまった疲れを癒やしたい日に
- 些細なことでクヨクヨしてしまう日に
- 穏やかな気持ちでいたい日に

冷静に過ごしたい日は
BLUE ブルー

寒色の代表色で、冷静・信頼・知性などを連想させるブルー。血圧や心拍数を低減させ、気持ちの高揚を鎮める作用があります。

- 心を落ち着かせたい日に
- 考えごとやタスクが多く、焦っている日に
- 理知的な雰囲気を演出したい日に

個性的な自分で過ごしたい日は

PURPLE パープル

古くから高貴な色とされてきた
パープル。正反対の性質をもつ
レッドとブルーからなるため、神
秘的な魅力があります。

・我が道を進みたい日に
・ミステリアスな魅力をまといたい
　日に
・格式高い場所へ行く日に

思いやりをもって過ごしたい日は

PINK ピンク

精神的な充足感を与えてくれるピ
ンク。女性ホルモンであるエスト
ロゲンの働きを高め、肌ツヤを
アップさせる作用も。

・まわりの人たちにやさしくしたい
　日に
・幸福感を感じたい日に
・誰かに甘えたい日に

堅実に過ごしたい日は

BROWN ブラウン

大地のようにどっしりとした安定
を表すブラウン。ダークブラウン
はクラシックなイメージの代表色
でもあります。

・コツコツがんばりたい日に
・自然体でいたい日に
・高級感を演出したい日に

自分を洗練させたい日は

GRAY グレー

日本を代表する粋な色、グレー。
「四十八茶百鼠」という言葉があ
るように、江戸時代の人は 100 種
以上ものグレーを生み出したそう。

・こなれ感を出したい日に
・シックな装いが求められる日に
・控えめに過ごしたい日に

新しいスタートを切りたい日は

WHITE ホワイト

白無垢やウェディングドレス、白
衣など、清く神聖なものに使われ
るホワイト。純粋さや清潔さを感
じさせる色です。

・新しいことを始める日に
・素直でありたい日に
・まわりの人から大切にされたい日に

強い自分でありたい日は

BLACK ブラック

強さや威厳、都会的などのイメー
ジをもつブラック。1980 年代以
降、ファッション界で圧倒的な人
気を誇ります。

・強い意志を貫きたい日に
・プロフェッショナル感を出したい日に
・スタイリッシュな着こなしをした
　い日に

11色で魅せる、
秋×ストレートタイプの配色コーディネート

YELLOW 1
イエロー

深みイエロー×ブラウンで
華やかオフィススタイル

ゴールド（深みのあるイエロー）が映える、華やかな色づかいのコーディネート。色味に共通性のあるゴールドとブラウンですが、ゴールドが鮮やかな色のため、統一感がありながらもハッと目を引く濃淡配色に。直線の多いライダースジャケットは、ストレートタイプに似合うアイテム。タイトスカートを合わせて美シルエットをつくるのがポイント。

#カッコいいスカートコーデ
#華やかオフィスカジュアル
#さらっと羽織るライダース

①色相を合わせる

Knit / Mystrada（著者私物）
Jacket / ICB（著者私物）
Skirt / LOUNIE（著者私物）
Pumps / MAMIAN
Bag / Trysil
Stole / FURLA
Earrings / N.O.R.C（編集部私物）
Necklace / Le scale

YELLOW 2

イエロー

実りの秋を思わせる
コーデで図書館へ

ゴールドとオリーブグリーンは色味が近
い類似色相のため、まとまりが出ておす
すめの配色。ストールと小物はイエロー
と同系色のベージュやキャメルを合わせ
て、秋にぴったりなまろやかで深みのあ
るコーディネートに。カーディガンは深
いV字のネックラインができるデザイ
ンで、丈は腰骨にかかるくらいのシンプ
ルなものを選ぶと、上品になります。

読書の秋コーデ
ほっこりカラー
図書館でのんびり過ごす休日

①色相を合わせる

Shirt / NEWYORKER
Cardigan / LILYSILK
Skirt / Mila Owen（著者私物）
Boots / UNITED ARROWS（著者私物）
Stole / 著者私物
Bag / Trysil
Earrings / VENDOME AOYAMA
Necklace / 編集部私物

似合うイエローの選び方

ノーメイクだと頬にあまり色味のない方
が多い秋タイプには、オレンジっぽい
こっくりとしたゴールデンイエローや、ス
モーキーなマスタードがおすすめです。
あたたかみのあるイエローを選ぶこと
で、肌の血色感がグッとアップ。反対に
避けたほうがベターなのは、黄緑がかっ
た蛍光色のレモンイエロー。顔色が青白
くなってしまうので注意が必要です。

似合うイエロー

ゴールデンイエロー　　マスタード　　　ゴールド

苦手なイエロー

レモンイエロー　　ライトレモンイエロー

RED 1
レッド

華やかレッドでつくる、
勝負の日のトラッドスタイル

華やかなレッドは、ブラウンと組み合わせることでトラッドな雰囲気に。靴とバッグを同じダークブラウンでそろえると、きちんと感のあるスタイルに仕上がります。レッドやブラウンの反対色であるネイビーのチェックストールを知的なアクセントに。ツイードのセンタープレスパンツとローファーでクールに決めて、大事なプレゼンへ！

カーディガンを大人っぽく
ブリティッシュ風スタイル
勝負の日に着たい情熱の赤

①色相を合わせる

⑤アクセントカラーを入れる

Shirt, Cardigan, Pants / NEWYORKER
Loafers / WASHINGTON
Bag / Trysil
Stole / 編集部私物
Glasses / Zoff
Watch / Cartier（著者私物）

レッド
RED 2

ドラマティックな
ワンピースで夏の夜デート

秋タイプのリッチな肌色になじむ、情熱的なトマトレッドのフレアワンピースで夜デートへ。パイソン柄のサンダルで遊びをプラス。ストレートタイプがフレアワンピースを選ぶときは、ウエスト部分にタックやギャザーがないものを。首もとはVネックかUネックのすっきりしたデザインで、幅3cm前後のウエストベルトをジャスト位置で締めて。

おしゃれなバーでのデート服
大人のフレアワンピコーデ
海外ドラマ気分

(①色相を合わせる)

One piece / Mystrada（著者私物）
Sandals / MODE ET JACOMO（著者私物）
Bag, Scarf / LOUIS VUITTON（著者私物）
Sunglasses / Zoff（編集部私物）
Earrings / MU
Necklace / PLUS VENDOME

似合うレッドの選び方

イエローベースの秋タイプには、黄みがかった朱赤に黒やグレーを混ぜてできる、レンガ色やトマトレッドがよく似合います。深みのあるあたたかなレッドを選ぶことで、顔色がよく見え、肌もなめらかに。反対に、明るすぎる朱赤は肌になじまず浮いてしまい、赤紫系のワインレッドやラズベリーレッドは顔色が寂しく見えてしまいます。

似合うレッド

レンガ　　　　トマトレッド　　　オレンジレッド

苦手なレッド

ワインレッド　　ラズベリー　　　ローズレッド

BLUE 1
ブルー

バリバリ仕事モードの日も、
おしゃれな装いで決める

メリハリが生まれておしゃれな雰囲気になる、ブルー×ブラウンの反対色コーディネート。ブルーには鎮静効果があるため、集中力もアップします。暗い色をメインカラーにするときは、明るいベージュやキャメルの小物で抜け感を出すのがおすすめ。パールネックレスをプラスして、やわらかな上品さを添えて。

華やかなブルーを着たいときに
オフィス OK の鮮やかコーデ
上品な小物づかい

②トーンを合わせる

⑤アクセントカラーを入れる

Cardigan / 編集部私物
Pants / 編集部私物
Sandals / 卑弥呼
Bag / Tory Burch（著者私物）
Stole / 編集部私物
Glasses / Zoff
Earrings / 編集部私物
Necklace / VENDOME AOYAMA
Watch / Cartier（著者私物）

BLUE 2
ブルー

さわやかな配色と
美シルエットでクリーンに

暗めのターコイズブルーにホワイトを合
わせてさわやかなイメージに。小物にち
りばめたブラウン系の濃淡配色は、色味
を少しずつずらすとコーディネートに深
みが出ます。しっかりした綿シャツ×タ
イトスカートは、Iラインを演出する秀
逸な組み合わせ。ウェーブタイプが得意
なスエード素材も、ハリのある生地なら
秋×ストレートタイプと好相性。

\# さわやか配色
\# 美シルエットのつくり方
\# スエードはハリのあるものを

②トーンを合わせる

⑤アクセントカラーを入れる

Shirt / NEWYORKER
Cardigan / BANANA REPUBLIC（著者私物）
Skirt / N.Natural Beauty Basic（著者私物）
Scarf / 著者私物
Pumps / MAMIAN
Bag / Trysil
Earrings, Necklace / 編集部私物
Watch / SEIKO LUKIA

似合うブルーの選び方

ブルーは秋タイプがあまり得意ではない
色ですが、慎重に選べば大丈夫。やや濁
りのあるスモーキーなブルーや、緑が
かったダークターコイズは、髪や瞳の
ダークブラウンと調和して肌がきれいに
見えるのでおすすめ。反対に、鮮やかな
ロイヤルブルーやパステル系のブルー
は、肌になじまず浮いてしまうので注意
が必要です。

似合うブルー

ダークターコイズ　　ターコイズ

苦手なブルー

ロイヤルブルー　　パステルアクア　　パウダーブルー

PINK 1

ピンク

休日デートは大人かわいい
リラックススタイルで

スモーキーなピンクにカーキを組み合わ
せれば、休日の公園デートにぴったりの
大人かわいいコーディネートに。カーキ
のパンツで適度に甘さを抑えたら、バニ
ラホワイトのストールでクリーンさを添
えて。ダークブラウンのハンドバッグと
スエードのポインテッドトゥパンプスを
プラスすれば、リラックス感のなかにさ
りげない上品さが漂います。

桜餅コーデ
まったり公園デート
カフェで休憩

②トーンを合わせる

Cardigan / UNIQLO（編集部私物）
Pants / NEWYORKER
Pumps / MAMIAN
Bag / Trysil
Stole / FURLA
Earrings / EUCLAID
Necklace / 編集部私物

PINK 2
ピンク

ロマンティックな色は
辛口デザインで着こなす

「大人っぽさのある秋タイプだけど、か
わいいスタイルが好き」という方におす
すめの配色、ベージュ×スモーキーピン
ク。色は甘めでも、パイソンの辛口シン
プルサンダルを合わせて大人っぽく仕上
げます。ストレートタイプがあまり得意で
はないパフスリーブですが、袖丈が肘近
くまであって二の腕が隠れるゆったりし
たデザインならすてきに着こなせます。

大人かわいいを叶える
ピンク好きにおすすめ
甘さのなかにスパイスを

②トーンを合わせる

⑤アクセントカラーを入れる

Knit / uncrave（著者私物）
Skirt / N.Natural Beauty Basic（著者私物）
Stole / Chloe（著者私物）
Pumps / GINZA Kanematsu（著者私物）
Bag / CELINE（著者私物）
Sunglasses / Zoff（編集部私物）
Earrings / 編集部私物
Necklace / EUCLAID

似合うピンクの選び方

ピンクが好きな秋タイプの方は、スモー
キーなサーモンピンクを選んでみて。秋
タイプならではの大人っぽいかわいらし
さを引き出してくれて、とてもやさしい
雰囲気のコーディネートになります。黄
みの強いピンクでも、明るすぎたりクリ
アすぎたりすると浮いてしまうので、少
し濁りと深みのある色を選ぶのがポイン
ト。青みがかったショッキングピンクや
ローズピンクは、顔色が白く見えてし
まうので苦手です。

似合うピンク

サーモンピンク　　ディープピーチ　　スモーキーピンク

苦手なピンク

ショッキングピンク　ローズピンク　　オーキッド

ORANGE 1

オレンジ

少し疲れた日に着たい、
元気が出るビタミンカラー

明るい色を多く使った、軽やかで元気の
出る配色。派手に感じる色でも、顔から
遠いボトムスならとり入れやすくなりま
す。小物はオレンジと同系色のブラウン
系の濃淡にして、色味を合わせてトーン
に変化をつけたコントラスト配色に。ス
トレートタイプがワイドパンツを選ぶと
きは、センタープレスの入った太すぎな
いパンツ幅のものがおすすめ。

#派手色挑戦コーデ
#ボトムスからトライ
#元気を出したいときに

①色相を合わせる

Knit / OFUON（著者私物）
Pants / mite
Loafers / WASHINGTON
Bag / Trysil
Scarf / CELINE（著者私物）
Earrings, Necklace / MISTY
Watch / Cartier（著者私物）

ORANGE 2

オレンジ

クラシカルな
ジャケットコーデで会食へ

同じオレンジ系の配色でも、ブラウンの
面積を大きくとり入れると、落ち着いた
クラシックな雰囲気に変わります。オレ
ンジの同系色であるマスタードのストー
ルを加えて、こっくりした秋らしい装い
に仕上げましょう。重厚感のあるブリ
ティッシュツイードのジャケットは、き
れいめで薄手の生地を選ぶとストレート
タイプにマッチします。

クラシックスタイル
フォーマルなシーンに
大人の品格

①色相を合わせる

Tanktop / GU（編集部私物）
Jacket / 著者私物
Skirt / STRAWBERRY-FIELDS（著者私物）
Boots / 卑弥呼
Bag / Tory Burch（著者私物）
Stole / FURLA
Earrings / Kengo Kuma + MA, YU
Watch / SEIKO LUKIA

似合うオレンジの選び方

オレンジは秋タイプが得意な色です。な
かでも深みのあるテラコッタ系はイチオ
シ。クリアで鮮やかなオレンジも、深み
のある色であれば OK。秋タイプのなか
でも目鼻立ちのはっきりした方なら華や
かに着こなせます。一方、明るくクリア
なオレンジは肌になじみにくく、ちょっ
と苦手です。

似合うオレンジ

テラコッタ　　　オレンジ　　　ゴールデンオレンジ

苦手なオレンジ

アプリコット　　ライトオレンジ

BROWN
ブラウン

きちんと感のある
シャツスタイルをソフトに

秋タイプにぴったりのダークブラウン
は、スエードのロングタイトスカートで
さらに品よく。アプリコットカラーのス
トライプシャツを合わせれば、きちんと
感のなかにソフトな雰囲気を織り交ぜる
ことができます。シャツと同系色で彩度
の高い鮮やかなオレンジレッドのストー
ルでアクセントを加え、セル素材のウェ
リントンメガネで知性をプラス。

#エレガントなシャツコーデ
#差し色はストールで
#大人の余裕

①色相を合わせる

⑤アクセントカラーを入れる

Shirt / 編集部私物
Skirt / LOUNIE（著者私物）
Boots / 卑弥呼
Bag / Trysil
Stole / FURLA
Glasses / Zoff
Earrings / VATSURICA
Necklace / 編集部私物
Watch / SEIKO LUKIA

似合うブラウンの選び方

ブラウンは秋タイプの王道カラー。なか
でも、ダークブラウンやコーヒーブラウ
ンはとくにおすすめ。赤みがかった暗め
のマホガニーも、クラシックなイメージ
ですてきです。暗めの色でも地味になら
ず、大人っぽい魅力をより引き出せます。
気をつけたいのは、ココアのような白っ
ぽいブラウン。顔がぼんやりしてしまう
ので注意が必要です。

似合うブラウン

ダークブラウン　　コーヒーブラウン　　マホガニー

苦手なブラウン

ココア　　　　　　ローズブラウン

GREEN
グリーン

軽やかな大人カジュアルで、
子どもとお出かけ

アーミーグリーンのワンピースは、バニ
ラホワイトのアウターを羽織ると軽やか
に。暗めの色を着るときは、明るい色
で軽さと動きを出すのがポイントです。
アーミーグリーンにはイエローゴールド
のアクセサリーがマッチ。マットな輝き
のものを選んで、秋タイプの肌をよりな
めらかに美しく。スニーカーは真っ白よ
り、黄みのあるベージュやカーキがおす
すめ。

ダークカラーをおしゃれに着る
ゴールドアクセをカジュアルに
親子でお出かけ

①色相を合わせる

⑤アクセントカラーを入れる

One piece / So close,
Jacket / L.L.Bean
Sneakers / CONVERSE
Bag / cache cache
Earrings / VENDOME AOYAMA
Necklace / Le scale

似合うグリーンの選び方

4タイプのなかで、最もグリーンのバリ
エーションが多いカラーパレットをもつ
秋タイプ。オリーブグリーンやアーミー
グリーンなど、深みと濁りのあるシック
なグリーンがとくに似合います。暗めの
アースカラーでも地味に見えないのが秋
タイプの魅力。顔が青白く見えてしまう
青緑系や、色が浮いてしまう明るい黄緑
系は、苦手な傾向にあります。

似合うグリーン

オリーブグリーン　　シャルトルーズ　　アーミーグリーン

苦手なグリーン

ディープブルーグリーン　ペパーミントグリーン　パステルイエローグリーン

BEIGE
ベージュ

リッチなベージュ×ブラックで、
夏の軽井沢を満喫

ベージュ×ブラックは、上品なだけでな
く高見え効果も期待できるおすすめ配
色。甘めデザインのワンピースにゼブラ
柄バッグで辛さをミックス。ふんわりし
たシルエットの服を着たいときは、腰ま
わりがすとんと落ちているデザインを選
びます。ネックラインをしっかりあけて、
ブラックのベルトでウエストをマークし
て。

高見え配色
スイートな服には辛口小物
ふんわりワンピを着こなすコツ

⑤アクセントカラーを入れる

One piece / GRACE CONTINENTAL（著者私物）
Sandals / MODE ET JACOMO（著者私物）
Bag / SHOO・LA・RUE
Sunglasses / Zoff（編集部私物）
Earrings / MISTY
Necklace / 著者私物

似合うベージュの選び方

ベージュは全般的に得意な色。黄みのあ
るあたたかなベージュは、秋タイプの肌
がなめらかに美しく見え、血色もアップ
します。ただし、グレーがかったベージュ
はやや寂しい印象になってしまいます。
ベージュの服を選ぶときは、顔色がよく
見えるか、肌がきれいに見えるか、鏡で
しっかり確認しましょう。

似合うベージュ

ベージュ　　　キャメル

苦手なベージュ

グレーベージュ

グレー
GRAY

銀座ショッピングは、
ジレとハットでハンサムに

羽織るだけでこなれ感が出る、ウォーム
グレーのジレを主役にしたコーディネー
ト。こっくりイエローのトップスも、グ
レーと合わせることでグッと上品な雰囲
気に。バニラホワイトのパンツでさらに
洗練させるのがおすすめです。小物はイ
エローと同系色のダークブラウンで全体
を引き締め。さりげなくハットをかぶれ
ば、ハンサムな装いのできあがり。

ジレでこなれ感アップ
憧れの白パンツ
銀座でショッピング

①色相を合わせる

⑤アクセントカラーを入れる

T-shirt / 著者私物
Gilet / EUCLAID
Pants / maison de Dolce.
Pumps / MAMIAN
Bag / LOUIS VUITTON（著者私物）
Scarf / CELINE（著者私物）
Hat / 編集部私物
Earrings / MU
Necklace / PLUS VENDOME(2本セット)
Belt / GU（編集部私物）

似合うグレーの選び方

グレーはちょっと苦手な秋タイプ。黄み
のあるあたたかなグレーを選ぶことで、
オークル系の肌がよりいきいきと見え、
顔色もよくなります。青みがかったブ
ルーグレーは顔色が悪く見えてしまうた
め、もし着る場合はトップスを避け、顔
から遠いボトムスでとり入れるのもテク
ニックのひとつです。

似合うグレー

ウォームグレー

苦手なグレー

ライトブルーグレー　　チャコールブルーグレー

NAVY
ネイビー

アクティブスタイルで
箱根旅行へ

補色（真反対の色）であるネイビー×ベージュは、互いの魅力を引き立て合う配色。コートのベージュと同じトーンのベージュグリーンをインナーに合わせると、ラフで落ち着いたイメージに。たくさん歩くカジュアルな装いの日も、パールのネックレスで大人の上品さを添えて。バッグと靴に明るい色をプラスすれば、抜け感のあるコーディネートが完成します。

フレンチカジュアル
一万歩コーデ
小旅行におすすめ

②トーンを合わせる

⑤アクセントカラーを入れる

T-shirt / UNIQLO（編集部私物）
Coat / NEWYORKER
Jeans / L.L.Bean
Sneakers / CONVERSE
Bag / L.L.Bean
Earrings / VATSURICA
Necklace / VENDOME AOYAMA
Belt / GU（編集部私物）

似合うネイビーの選び方

比較的多くの方に似合いやすいネイビーですが、じつは秋タイプはそれほど得意な色ではありません。ネイビーを着るときは、顔から遠いボトムスにとり入れるのがおすすめです。もしトップスで着たい場合は、緑がかったスモーキーなネイビーを選ぶと血色がよく見えます。反対に、青紫系のネイビーは寂しい印象になるので気をつけて。

似合うネイビー

マリンネイビー

苦手なネイビー

ソフトネイビー

WHITE
ホワイト

バニラホワイトでやわらかな
リラックス感を

バニラホワイトのパンツをメインに、
ピーチピンクのトップスとスモーキーな
カーキのパーカでつくる、大人のリラッ
クススタイル。穏やかな気持ちで過ごし
たい日にぴったりです。パーカと同系色
のカモフラ柄バッグでメリハリを。パー
カはオーバーサイズを選びがちですが、
ストレートタイプにはジャストサイズで
ハリのある素材のものがおすすめ。

#大人のパーカ選び
#休日リラックスコーデ
#のんびりお散歩

⑤アクセントカラーを入れる

T-shirt / PUMA（著者私物）
Hoodie / Champion（編集部私物）
Pants / KOBE LETTUCE
Sneakers / CONVERSE
Bag / cache cache
Earrings / EUCLAID

似合うホワイトの選び方

ベージュに近いバニラホワイトは肌なじ
みがよく、秋タイプのオークル系のマッ
トな肌にとてもよく似合います。「身に
つけたときに肌が健康的に見えるか」が
チェックポイント。真っ白は、秋タイプ
の肌にマッチしにくい色。色だけが浮い
てしまい、顔が青白く見えるので注意が
必要です。

似合うホワイト

バニラホワイト

苦手なホワイト

ピュアホワイト

Column

「似合う」の最終ジャッジは試着室で

買う前に試着、していますか？

さまざまなファッション理論をもとに「似合う」の選び方をお伝えしてきましたが、いざ購入する前にできるだけしていただきたいこと、それは「試着」です。

人の肌の色や体のつくりは、パーソナルカラーや骨格タイプが同じ方でもおひとりずつ微妙に異なります。アイテムの色や形やサイズ感が自分に本当に似合うかどうかは、実際に身につけてみなければ厳密にはわかりません。

いまは、オンラインストアの商品を自宅や店舗で試着できるサービスもありますので、できれば購入前に試してみることをおすすめします。

試着しても自分に似合っているのかどうかイマイチわからないという方は、下のチェックリストをぜひ参考にしてみてください。

秋×ストレートタイプの試着チェックリスト

事前準備

- ☐ 着脱しやすい服で行く
- ☐ 普段の外出時につける下着をきちんと身につける
- ☐ コーディネートしたい服や靴で行く
- ☐ 合わせ鏡で後ろ姿まで見えるように、手鏡を持参する
  （スマホのインカメラでもOK。購入前の商品の撮影はマナー違反になる場合があるため注意）

秋タイプのチェックリスト

- ☐ 肌色が血色よく元気よく見えるか
- ☐ アイテムの色に青みがあり、顔が青白くなっていないか
- ☐ アイテムの色が明るすぎ・クリアすぎて、色だけが顔から浮いていないか

ストレートタイプのチェックリスト

- ☐ （トップス）着丈や肩の位置がジャストか
- ☐ （トップス）二の腕の外側のハリが目立たないか
- ☐ （トップス）後ろ姿を見たとき、背中のお肉を拾いすぎていないか
- ☐ （パンツ）靴と合わせたとき、9分丈になっているか
- ☐ （ワンピース）バストで前身頃が上がってしまうことがあるため、ウエスト位置がジャストでキープされているか
- ☐ （ニット）ウエストのくびれが出る程度に、適度に体にフィットしているか

Chapter 3

秋 × ストレートタイプの
魅力に磨きをかける
ヘアメイク

秋×ストレートタイプに似合う
コスメの選び方

最高に似合う鉄板メイクを見つけよう

　顔に直接色をのせるメイクは、パーソナルカラーの効果を実感しやすい重要なポイント。似合う服を着ていても、メイクの色がイマイチだと「似合う」が薄れてしまいます。

　逆にいうと、本来得意ではない色の服を着たいときや着なければいけない事情があるときは、メイクを似合う色にすれば服の色の影響を和らげることが可能。とくにチークとリップを似合う色で徹底するだけで、顔色がよくなりいきいきと輝きます。

　「コーディネートに合わせてメイクも変えなくては」と思っている方も多いかもしれませんが、自分に最高に似合う鉄板メイクが見つかれば、毎日同じメイクでも大丈夫。決まったコスメを使っていればいつもきれいでいられるなんて、忙しい日常を送る私たちにはうれしいですよね。

　もちろん、自分に似合うメイクパターンをいくつかもっておいて、コーディネートやシーンに合わせて使い分ける楽しみもあります。どちらでも、ご自身に合うメイク方法を試してみてください。

秋×ストレートタイプがコスメを選ぶときのコツ

　オークル系でマットな質感の肌の方が多い秋タイプ。そのヘルシーな肌をより美しくなめらかに見せるコスメを選ぶことが大切です。

　カラフルなコスメはつい目移りしてしまいますが、見た目で「ちょっと地味かな?」「暗いかな?」と感じるくらいの深みのあるスモーキーカラーがおすすめ。実際につけてみると肌によくなじみ、きめ細かなマット肌ができあがります。

　基本的にはマット系のメイクが似合いますが、パールやラメをとり入れたいときは、ゴールド系の小さく繊細なタイプのものを。ハイライトを入れる場合は、真っ白を避けてベージュ系の色を選ぶのがポイントです。

おすすめのメイクアップカラー

アイシャドウ

パーソナルカラー4タイプのうち、黄みの強い色がいちばん似合うのが秋タイプ。深みのあるテラコッタ系オレンジや、ゴールド系ブラウン、黄みのあるスモーキーなサーモンピンクなどがおすすめ。

テラコッタ　ゴールド　オリーブグリーン

バニラホワイト　サーモンピンク　ダークブラウン

チーク

「チークにしては地味?」と感じるくらいのスモーキーな色が、秋タイプの肌をふんわりなめらかなマット肌に見せてくれます。明るすぎるパステルカラーは色が浮いて子どもっぽくなるので注意を。

サーモンピンク　ディープピーチ　オレンジベージュ

リップ

深みのあるブラウン系やソフトなベージュ系など、やや暗めで濁りのある色が得意。マットが似合う秋タイプですが、秋×ストレートタイプは適度な透け感のある重すぎないマットタイプを選ぶと好バランス。

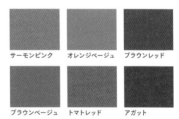

サーモンピンク　オレンジベージュ　ブラウンレッド

ブラウンベージュ　トマトレッド　アガット

アイブロウ・アイライナーなど

ブラウン系のなかでも、黄みを含んだ深みのある色を。黄みがかった暗めの髪の色や瞳の色によくマッチします。

オリーブブラウン　コーヒーブラウン　ダークブラウン

自分史上最高の顔になる、
秋×ストレートタイプの
ベストコスメ

リッチな魅力あふれる
深みカラーメイク

テラコッタとダークブラウンの深みカラーで、秋×ストレートタイプのリッチでクラシカルな雰囲気をより引き立てたメイク。存在感があるのに自然な仕上がりだから、毎日のメイクにぴったり。トラッドな装いにもカジュアルな普段着にもすっとなじんで、魅力をアップしてくれます。

基本ナチュラル
メイク

アイシャドウ

SUQQU

シグニチャー カラー アイズ
02 陽香色　YOUKOUIRO

深みのあるテラコッタ系オレ
ンジは、品のいい華やかさを
プラスしてくれるイチオシカ
ラー。ブラウン系のグラデー
ションがよく似合うので、テ
ラコッタと黄みブラウンの
入ったパレットはひとつある
と重宝します。繊細なパール
が上品につやめき、リュクス
な雰囲気に。

チーク

ADDICTION

アディクション ザ ブラッシュ
005M Nude Romance (M)
ヌード ロマンス

スモーキーなオレンジベー
ジュのマット系チークは、一
見控えめな色ですが、頬に
のせれば肌と調和して自然
な血色感に。きめの整った
ふんわりマット肌を演出して
くれ、海外セレブのようなリッ
チなムードをまとうことがで
きます。

リップ

SUQQU

シアー マット リップス
ティック 06 樹皮 JUHI

デイリーに使うリップを1本
選ぶなら、深みのあるレッド
ブラウンを。大人のつややか
さがあふれる魅力的な唇にな
ります。暗めなスモーキーカ
ラーがこんなにしっくりくる
のは秋タイプだからこそ。秋
×ストレートタイプは、重すぎ
ないシアーマットタイプで上
品に。

大人のかわいさを引き出す、
くすみピンクメイク

アイシャドウ
CHANEL
レ ベージュ パレット ル ガール 184190 テンダー

秋タイプがピンクメイクを楽しみたいときは、青みのあるローズピンクやクリアなパステルカラーではなく、やや暗めのスモーキーな色をチョイス。黄みのあるスモーキーなサーモンピンクや、スモーキーコーラル（色相が赤紫系ではなく赤系のピンク）など、秋タイプ向きのピンクがそろったCHANELのアイシャドウは使いやすさ抜群。

チーク
SUQQU
ピュア カラー ブラッシュ 04 漆陽 URUSHIBI

チークも青みのないソフトなスモーキーピンクを。顔が青白くならずに血色感がアップし、大人っぽいかわいらしさが生まれます。こちらのチークは、角度によって色の見え方が変わる偏光タイプのラメ入り。大きめではなく繊細なゴールド系ラメなら、秋×ストレートタイプの肌を美しく上品に見せてくれます。

リップ
DECORTÉ
ルージュ デコルテ 13 intimate feeling

チークと同じソフトなスモーキーピンクのリップで、洗練メイクに。赤紫ではなく赤の色相に属する色なので、秋タイプの肌と相性がよく、オレンジやブラウン系よりも甘めなピンク特有の雰囲気を楽しめます。

プチプラでリッチに輝く
ゴールドメイク

アイシャドウ

excel
スキニーリッチシャドウ
SR02 リアルブラウン

黄みの強い色をのせても顔が黄ぐすみしない秋タイプには、ゴールド系ブラウンのアイシャドウもおすすめ。目もとに深みが出て、リッチな印象が増します。プチプラアイテムでも色でリッチ感が出せるのは、とてもお得！　華やかなシーンでぜひチャレンジしてみてください。

チーク

CEZANNE
ナチュラル チーク N 18
ローズベージュ

「ローズベージュ」という名称ですが、肌にのせると青みのない、赤みのベージュに。ややダークな色合いが肌になじみ、とてもシック。ダークカラーのチークは、頬の真ん中に丸く入れると子どもっぽくなってしまいます。頬骨に沿うように入れて、大人っぽさをキープして。

リップ

KATE
リップモンスター 04 パンプキンワイン

目もとを強めに仕上げたいときは、ナチュラルな色合いのリップを合わせるとこなれて見えます。適度にツヤ感のあるテラコッタブラウンなら、肩肘張らない軽やかな印象に。もっとヌーディーなオレンジベージュも、秋タイプなら地味にならず抜け感を出せるのでおすすめです。

秋×ストレートタイプに似合う
ヘア&ネイル

**本命ヘアは、
くすみカラーの重めストレート**

　顔まわりを縁どる髪は、服やメイクとともにその人の印象を大きく左右します。パーソナルカラーのセオリーをヘアカラーに、骨格診断のセオリーをヘアスタイルにとり入れて、もう一段上の「似合う」を手に入れましょう！

　秋タイプに似合うヘアカラーは、黄みのあるダークブラウンや、緑みのあるマットカラーなど、暗めのくすみカラー。赤みの強いピンクやバイオレット、青みの強いブルーアッシュは、顔色が抜けて青白く見える原因に。金髪などの明るすぎる色も、肌の色とあまりマッチしません。

　ストレートタイプに似合うヘアスタイルは、直線をいかした自然なスタイル。動きを出すときは毛先だけにするのがおすすめです。毛量を軽くしすぎず、やや重さを残したほうが、リッチなボディとのバランスがとれて魅力的。

おすすめのヘアカラー

マットブラウン　　　オリーブブラウン

モカブラウン　　　ダークブラウン

マロンブラウン　　　ナチュラルブラウン

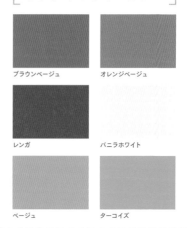

おすすめのネイルカラー

ブラウンベージュ　　　オレンジベージュ

レンガ　　　バニラホワイト

ベージュ　　　ターコイズ

Short

横顔美人が叶う
ショートボブ

顔まわりにかかる髪が横顔を
美しく見せてくれる、大人の
ショートボブ。ヘアカラーは
黄みのベージュ系ブラウン。ハ
イライトをきかせて、動きのあ
るスタイルに。

Medium

毛先だけ遊ばせた上品な
ひし形ミディアムヘア

黄みのナチュラルブラウンで、
ヘルシーな血色感のある美肌
に。重さを残したストレートヘ
アがリッチなイメージにぴった
り。毛先に自然な動きをつけ
て抜け感を。

Long

オリーブ系くすみカラー
でしっとりロングヘア

緑みを感じる色も得意な秋タイプ。くすみのあるオリーブ系ベージュブラウンと、適度な重さのあるストレートヘアで、アンニュイな雰囲気に。アレンジもしやすい長さです。

Arrang

後れ毛にワザあり！
ひとつ結びアレンジ

ストレートタイプはアップスタイルでも直線をいかすのが鉄則ですが、秋×ストレートタイプはゆるく巻いた後れ毛を残すとラグジュアリーに。後頭部にボリュームを足してこなれ感を出したら、ドレッシーにもカジュアルにも合う上品アレンジの完成。

Nail

さりげなく ラグジュアリーな ベージュ系ネイル

黄みのある深いベージュ
を基調としたデザインは、
オフィスやきちんとした
シーンにおすすめ。黄み
の強いイエローゴールドの
ホログラムをアクセントに
添えると、シンプルなのに
ラグジュアリーな指先に。

ハーフフレンチの オレンジ系ネイル

直線的なハーフフレンチネ
イルはストレートタイプに
ぴったり。ベージュ×レン
ガ色のバイカラーに、イエ
ローゴールドの大きめスタ
ッズと上品なパールを添
えて、カジュアルなハーフ
フレンチに大人っぽさをプ
ラス。

洗練度がアップする ブルー系ネイル

ベージュ×暗めのターコイ
ズブルーの反対色を合わ
せたコントラスト配色ネイ
ル。落ち着いたトーンなの
で、派手になりすぎずトラ
イしやすい配色です。イエ
ローゴールドのラメライン
やスタッズが華やか。

Epilogue

　本書を最後まで読んでくださってありがとうございました。

　あなたの魅力を輝かせる『パーソナルカラー×骨格診断別　似合わせBOOK』。

　個性を引き出す、ファッションやヘアメイク、ネイルをご覧いただきいかがでしたでしょうか。

　「パーソナルカラー×骨格診断」。この2つのセオリーは、あなたがすでにいま、持っている魅力や個性を引き出し、より美しく輝かせるものです。もちろん、ファッションは楽しむものなので、セオリーに縛られることなく、自由に服選びを楽しんでいただければと思います。

　でも、あまりにも多くの情報があふれるいま、つい、自分にないものを求めてしまったり、他の人と比べてしまうことも、もしかしたらあるかもしれません。

　そんなふうに何を着たらよいか迷ってしまったときに、この本が、あなたらしいファッションに気づく、ひとつのきっかけになればとてもうれしく思います。

　私のサロンに来られるお客さまは、パーソナルカラーと骨格診断に合った色やデザインの服、メイクを実際にご提案すると「今までこんな服やメイクはしたことがなかったです！」「私は、本当はこういう服が似合うんですね！」と驚かれる方もたくさんいらっしゃいます。朝に来店されたときとは見違えるほどすてきになった姿を、数えきれないくらい目にしてきました。

　自分自身を知り、それを最大限にいかすことは、「あなたらしい、身に着けていて心地よいファッション」を叶える近道になると思います。

　色とりどりの服やコスメは、それを目にするだけで、私たちをワクワクした気持ちにさせてくれます。色とファッションのもつパワーを味方につけて、ぜひ、毎日の着こなしを楽しんでくださいね。

毎朝、鏡に映るあなたの顔が、これからもずっと、幸せな笑顔であふれますように。

　最後になりますが、この12冊の本を制作するにあたり、本当に多くの方に、お力添えをいただきました。

　パーソナルカラーと骨格診断のセオリーにマッチした、膨大な数のセレクトアイテム。その全商品のリースを、一手に引き受けてくださったスタイリストの森田さん。根気よく置き画制作を担当してくださった、佐野さんはじめ、スタイリストチームのみなさん。すてきな写真を撮ってくださったフォトグラファーのみなさん、抜けのある美しいメイクをしてくださったヘアメイクさん、頼りになるディレクターの三橋さん、アシストしてくださった鶴田さん、木下さん、すてきな本に仕上げてくださったブックデザイナーの井上さん。

　そして、本書の編集をご担当いただきました、サンクチュアリ出版の吉田麻衣子さんに心よりお礼を申し上げます。特に吉田さんには、この1年、本当にいつもあたたかく励ましていただき、感謝の言葉しかありません。最高のチームで、本づくりができたことに感謝の気持ちでいっぱいです。

　また、アイテム探しを手伝ってくれた教え子たち、そして、この1年、ほとんど家事もできないような状態の私を、何もいわずにそっと見守ってくれた主人と息子にも、この場を借りてお礼をいわせてください。本当にありがとう。

　たくさんのみなさまのおかげでこの本ができあがりました。本当にありがとうございました。

2024年3月　海保 麻里子

協力店リスト

＜衣装協力＞

・Attenir
（アテニア）
https://www.attenir.co.jp/index.html

・VENDOME AOYAMA
（ヴァンドームアオヤマ）
https://vendome.jp/aoyama

・EUCLAID
（エウクレイド）
https://fulcloset.jp/ext/euclaid

・L.L.Bean
（エル・エル・ビーン）
https://www.llbean.co.jp

・cache cache
（カシュカシュ）
https://www.unbillion.com/brand/
cachecache

・Kengo Kuma ＋ MA, YU
（ケンゴ クマ プラス マユ）
https://vendome.jp/aoyama

・KOBE LETTUCE
（コウベレタス）
https://www.lettuce.co.jp

・CONVERSE
（コンバース）
https://converse.co.jp

・THE SHOP TK
（ザ ショップ ティーケー）
https://store.world.co.jp/s/brand/the-shop-tk/

・SHOO・LA・RUE
（シューラルー）
https://store.world.co.jp/s/brand/shoo-la-rue/

・SEIKO LUKIA
（セイコー ルキア）
https://www.seikowatches.com/jp-ja/products/lukia

・So close,
（ソークロース）
https://www.dinos.co.jp/catalog_s/soclose

・Zoff
（ゾフ）
https://www.zoff.co.jp/shop/default.aspx

・Champion
（チャンピオン）
https://www.championusa.jp

・Trysil
（トライシル）
https://zozo.jp/shop/trysil/

・NEWYORKER
（ニューヨーカー）
https://www.ny-onlinestore.com/shop/pages/newyorker-.aspx

・VATSURICA
（バツリカ）
https://www.vatsurica.net

・Honeys
（ハニーズ）
https://www.honeys-onlineshop.com/shop/default.aspx

・卑弥呼
（ヒ ミ コ）
https://himiko.jp

・PLUS VENDOME
（プラス ヴァンドーム）
https://vendome.jp/plus_vendome

・FURLA
（フルラ）
https://www.moonbat.co.jp/

・MAMIAN
（マミアン）
https://www.mamian.co.jp

・MISTY
（ミスティ）
https://misty-collection.co.jp

・mite
（ミテ）
https://www.mite.co.jp

・MU
（ムー）
https://accessorymu.theshop.jp

・maison de Dolce.
（メゾン ド ドルチェ）
https://dolce-official.com

・Le scale
（リスカーラ）
https://lescale.theshop.jp

・LILYSILK
（リリーシルク）
https://www.lilysilk.jp

・WASHINGTON
（ワシントン）
https://www.washington-shoe.co.jp

＜ヘアスタイル画像協力＞

P101上下、P102上
AFLOAT（アフロート）
https://www.afloat.co.jp

＜ネイル画像協力＞

P103上中　青山ネイル
https://aoyama-nail.com

P103下　EYE＆NAIL THE TOKYO
https://www.eyeandnailthetokyo.com

＜素材画像協力＞

P44　iStock

※上記にないブランドの商品は、著者私物・編集
　部私物です。
※掲載した商品は欠品・販売終了の場合もありま
　す。あらかじめご了承ください。

著者プロフィール

海保 麻里子
Mariko Kaiho

ビューティーカラーアナリスト®
株式会社パーソナルビューティーカラー研究所 代表取締役

パーソナルカラー＆骨格診断を軸に、顧客のもつ魅力を最大限に引き出す「外見力アップ」の手法が評判に。24年間で2万人以上の診断実績をもつ。自身が運営する、東京・南青山のイメージコンサルティングサロン「サロン・ド・ルミエール」は、日本全国をはじめ、海外からも多くの女性が訪れる人気サロンとなる。

本シリーズでは、その診断データをもとに、12タイプ別に似合うアイテムのセレクト、およびコーディネートを考案。「服選びに悩む女性のお役に立ちたい」という思いから、日々活動を行う。

また、講師として、カラー＆ファッションセミナーを1万5千回以上実施。企業研修やラグジュアリーブランドにおけるカラー診断イベントも多数手がける。わかりやすく、顧客に寄り添ったきめ細やかなアドバイスが人気を博し、リピート率は実に9割を超える。

2013年には、「ルミエール・アカデミー」を立ち上げ、スクール事業を開始。後進の育成にも力を注ぐ。

その他、商品・コンテンツ監修、TVやラジオ、人気女性誌などのメディア取材多数。芸能人のパーソナルカラー診断や骨格診断も数多く担当するなど、著名人からも信頼を集める。

著書に『今まで着ていた服がなんだか急に似合わなくなってきた』（サンマーク出版）がある。

サロン・ド・ルミエール HP
https://salon-de-lumiere.com/

クラブ S

ほぼ毎月とどく
本のびっくり箱クラブS
くわしくは
コチラ
サンクチュアリ出版 年間購読メンバー

新刊が 12 冊届く、公式ファンクラブです。

sanctuarybooks.jp/clubs/

奇抜な人の
頭の中、
のぞき放題

サンクチュアリ出版
YouTube
チャンネル

奇抜な人たちに、
文字には残せない本音
を語ってもらっています。

"サンクチュアリ出版
チャンネル" で検索

あなたにぴったりの一冊、みつかります。

選書
BOOK SELECTION SERVICE
おすすめ
選書サービス[無料]

選書サービス

あなたのお好みに
合いそうな「他社の本」
を無料で紹介しています。

sanctuarybooks.jp
/rbook/

社長が知らない、
私たちの本当の姿を
伝えたい。

サンクチュアリ出版
公式 note
はじめました。

サンクチュアリ出版
公式 note

どんな思いで本を作り、
届けているか、
正直に打ち明けています。

note.com/
sanctuarybooks

新作も
続々追加!
☆人生を変える授業オンライン
ここでしか見られない貴重なセミナー動画が見放題!

人生を変える授業オンライン

各方面の
「今が旬のすごい人」
のセミナーを自宅で
いつでも視聴できます。

sanctuarybooks.jp
/event_doga_shop/

パーソナルカラー秋×骨格診断ストレート
似合わせBOOK

2024年3月6日 初版発行

著　者　　海保麻里子

　　　　　装丁デザイン／井上新八
　　　　　本文デザイン／相原真理子
　　　　　モデル／中世古麻衣(スペースクラフト・エージェンシー)
　　　　　撮影(人物)／畠中彩
　　　　　撮影(物)／畠中彩、小松正樹、髙田みづほ
　　　　　ヘアメイク／yumi(Three PEACE)
　　　　　スタイリング(アイテム手配)／森田文菜
　　　　　スタイリング(アイテム置き画制作)／佐野初美、小沼進太郎、大日方理子
　　　　　編集協力／三橋温子(株式会社ヂラフ)
　　　　　制作協力(アシスタント業務)／Yuuka、NANA(ルミエール・アカデミー)
　　　　　イラスト／ヤベミユキ
　　　　　DTP／エヴリ・シンク

　　　　　営業／市川聡(サンクチュアリ出版)
　　　　　広報／岩田梨恵子、南澤香織(サンクチュアリ出版)
　　　　　制作／成田夕子(サンクチュアリ出版)
　　　　　撮影補助／木下佐知子(サンクチュアリ出版)
　　　　　編集補助／鶴田宏樹(サンクチュアリ出版)
　　　　　編集／吉田麻衣子(サンクチュアリ出版)

発行者　　鶴巻謙介
発行・発売　サンクチュアリ出版
　　　　　〒113-0023 東京都文京区向丘2-14-9
　　　　　TEL:03-5834-2507　FAX:03-5834-2508
　　　　　https://www.sanctuarybooks.jp
　　　　　info@sanctuarybooks.jp

印刷・製本　　株式会社シナノ パブリッシング プレス

診断用カラーシート

春 Spring ｜ コーラルピンク ｜ 血色がよくハリが出る ➡ 似合う
黄みが出て浮く ➡ 似合わない

夏 Summer ｜ ライトブルーグレー ｜ 透明感が出てシック ➡ 似合う
青白く寂しい ➡ 似合わない

診断用カラーシート

冬 Winter	ブラック	凛として小顔になる ➡ **似合う** 影が目立ち暗い ➡ **似合わない**